그리스 신화

10대를 위한

그리스 신화

지은이 허경희
초판 1쇄 발행 2026년 3월 21일
펴낸이 허경희
펴낸곳 인문산책

주소 서울시 은평구 연서로 3가길 15-15, 202호(역촌동)
전화번호 02-383-9790
팩스번호 02-383-9791
전자우편 inmunwalk@naver.com
인스타 @inmunwalk
출판등록 2009년 9월 1일

ISBN 978-89-98259-50-1 43210

10대를 위한

그리스 신화

허경희 지음

인문산책

인간적 이야기를 담은 그리스 신화

그리스 신화 속 신들은 이름도 어렵고 이야기도 복잡해서 읽기가 쉽지 않죠. 로마 신화와 얽혀 있어서 더욱 그렇게 느껴질 거예요. 그래서 이 책에서는 그리스 신화 속 신들만 다루었어요. 그리스 신화의 특징은 우리 인간들과 비슷한 특징을 가지고 있어요. 여신과 남신, 또는 여신과 인간 남성, 또는 남신과 인간 여성 등이 결혼을 하고 아이를 낳고, 그 아이들이 성장하면서 겪게 되는 이야기들이죠. 여러분이 태어나 성장하면서 느끼는 이야기들과 비슷해요.

하지만 그리스 신화는 단순히 옛날 이야기를 넘어 고대 그리스인들이 세상을 이해하고 자신들의 뿌리를 찾으려 했던 역사적·문화적 기록이에요. 고대 그리스인들은 세상의 역사를 크게 세 가지 단계로 구분했어요.

첫 번째, 신들의 시대는 우주가 창조된 후 크로노스를 몰아내고 올림포스 신들의 질서를 세우는 시기입니다.

두 번째, 신과 인간의 교류 시대는 신들이 인간 세상에 내려와 사랑을 나누거나 인간의 운명을 직접 관여하던 시기입니다.

세 번째, 영웅의 시대는 헤라클레스와 테세우스 같은 반신반인 영웅들이 괴물을 물리치고 나라를 세우는 시기입니다. 그리고 트로이 전쟁을 끝으로 이 위대한 영웅들의 시대는 막을 내립니다.

그리스 신화는 수천 년에 걸쳐 여러 문화가 섞이면서 만들어졌어요. 그리스는 지역적으로 미케네 문명권이지만, 제우스의 고향이 크레타 섬이라는 점은 미노스(크레타) 문명권의 영향도 받았음을 보여주죠. 그리스가 로마의 속국이 되면서 신화는 로마제국으로 이어졌고, 오늘날 서양 문명의 예술과 문학, 과학에 깊숙이 살아 숨 쉬고 있어요. 서구 문명과 함께 살고 있는 지금 시대에 그리스 신화를 읽어야 하는 이유이기도 해요. 그리스 신들의 이야기를 통해 우리의 이야기를 발견하고 그 속에서 다시 자신만의 이야기를 만들어갈 수 있는 시간이 되었으면 해요.

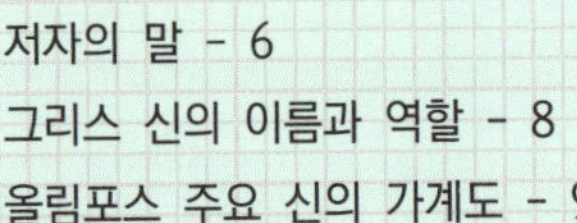

🏛 차례

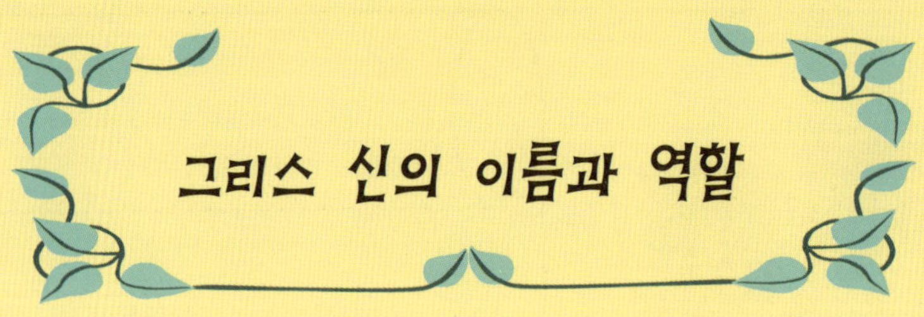

그리스 신의 이름과 역할

가이아 : 카오스(혼란) 이후 스스로 생겨난 태초의 여신. 만물의 어머니
우라노스 : 하늘의 신
크로노스 : 농경의 신. 아버지 우라노스를 거세하고 최고 신이 됨
레아 : 우라노스의 딸이자 제우스의 어머니

제우스 : 하늘, 천둥, 번개의 신. 신들의 아버지 (상징-독수리, 번개)
헤라 : 결혼과 가족의 여신 (상징-공작새)
포세이돈 : 바다의 신 (상징-삼지창)
데메테르 : 농업과 대지의 여신
하데스 : 지하 세계의 신
헤스티아 : 가정과 불씨의 여신
헤파이스토스 : 불의 신, 대장장이 (상징-망치)
아레스 : 전쟁의 신 (상징-창과 방패)

아테나 : 지혜와 전쟁의 여신 (상징-올빼미, 창과 방패, 투구)
아폴론 : 태양과 음악과 예술의 신 (상징-월계수, 리라)
아르테미스 : 사냥의 여신, 달의 여신 (상징-활, 화살, 사슴)
아프로디테 : 사랑과 미의 여신 (상징-비둘기)
헤르메스 : 전령의 신 (상징-날개 달린 모자, 날개 달린 샌들, 지팡이)
디오니소스 : 포도주의 신 (상징-포도)
네메시스 : 복수의 여신 (상징-칼과 저울)
에리스 : 불화의 여신 (상징-불화의 사과)
에로스 : 사랑의 신 (상징-활과 화살)
메티스 : 지혜의 여신
헤베 : 청춘의 여신 (상징-술잔)
타나토스 : 죽음의 신. 죽음을 의인화한 존재

올림포스 주요 신의 가계도

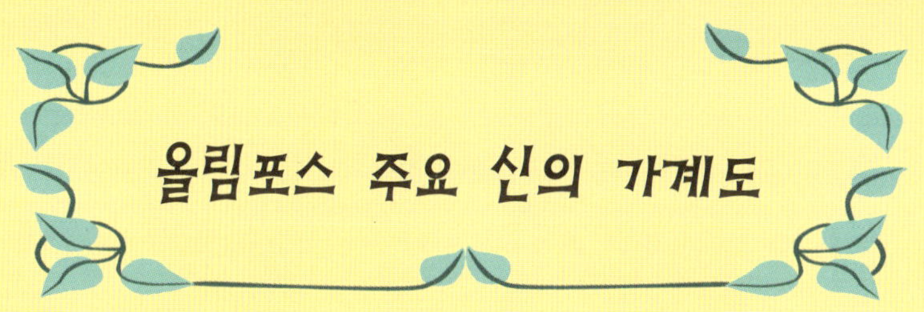

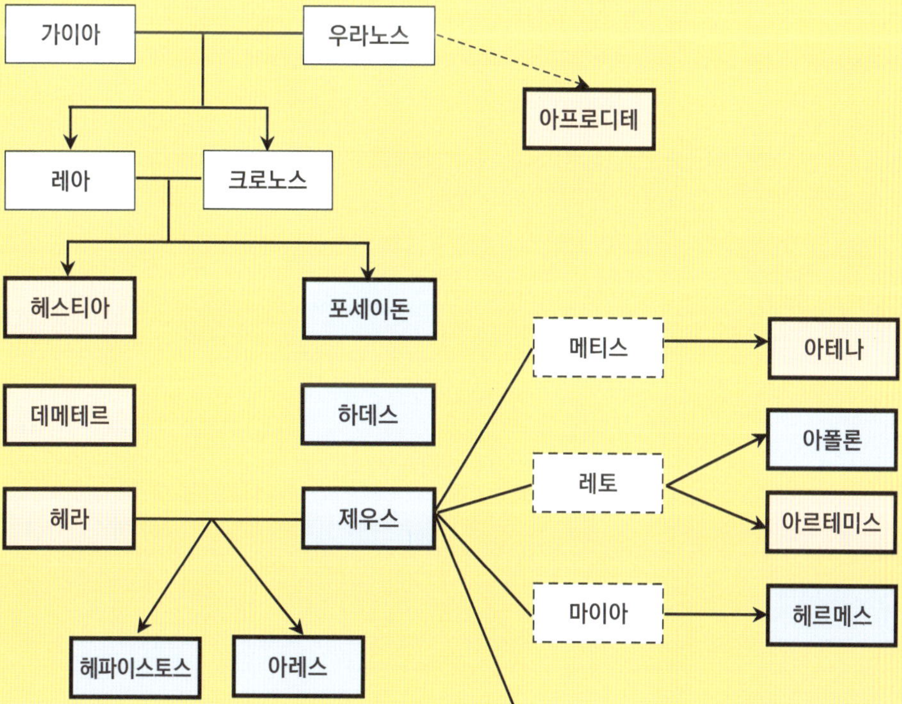

신화의 교훈

가이아와 우라노스는 세상의 시작을 알린 창세기 신화이자 부모와 자식 간 최초의 갈등 신화예요. 태어난 자식들을 타르타로스에 가둔 우라노스의 폭정이 가져온 결과가 무엇인지 생각해 보세요.

가이아와 우라노스

세상은 어떻게 시작되었을까요? 태초에는 짙은 어둠의 혼란(카오스)만 있었어요. 세상에 아직 아무것도 없는 그 혼란 속에서 가장 먼저 가이아 신이 나타났어요. 가이아는 대지의 여신이자 태초의 어머니로, 단순히 한 명의 여신이 아니라 우리가 딛고 서 있는 '지구'와 '자연' 그 자체를 상징해요. 그리고 가이아는 남편 없이 스스로 하늘의 신 우라노스, 바다의 신 폰토스, 산의 신 우레아를 낳았어요.

세상을 만든 다음에 가이아는 하늘의 신 우라노스를 남편으로 삼아 하늘과 땅의 결합을 이루어 많은 자식을 낳았어요. 티탄 신족 12신, 눈이 하나뿐인 거인 키클롭스 3형제, 손이 백 개나 달린 헤카톤케이레스 3형제 등이 있었죠.

하지만 하늘의 신 우라노스는 키클롭스 3형제와 헤카톤케

이레스 3형제들이 괴물 같다며 그들을 지하 세계의 나락인

타르타로스에 가두어 버렸어요. 가이아는 아이들이 겪는 고

통에 화가 나서 막내아들 크로노스(농경의 신)를 앞세워 철제

도구인 낫(철기문명을 상징)으로 우라노스를 거세하게 했어요.

그런데 크로노스도 아버지 우라노스처럼 폭군이 되었어요. 왜냐하면 자신 또한 아들에 의해 제거될 거라는 예언을 들었거든요. 결국 가이아는 막내손자인 제우스를 몰래 구해내 올림포스의 왕이 될 수 있도록 도와주었어요.

하지만 제우스와 올림포스 신들이 너무 강해지고 있다고 생각한 가이아는 자신의 자식인 거인족 기간테스를 제우스에게 보내 전쟁(기간토마키아)을 일으켰죠. 이 전쟁에서 인간 영웅 헤라클레스가 참여하여 도와준 덕분에 제우스와 올림포스 신들이 승리했어요. 이 사건으로 신들의 역사에서 인간과 함께하는 역사로 변화되었다고 해요.

	● 가이아와 우라노스가 낳은 티탄 신족 12신					
남신	오케아노스 (대양)	코이오스 (지성)	크리오스 (성좌)	히페리온 (태양)	이아페토스 (힘)	크로노스 (농경)
여신	테이아 (창공)	레아 (풍요)	테미스 (율법)	므네모시네 (기억)	포이베 (신탁)	테티스 (바다)

크로노스는 아버지를 배신하고 왕이 되었기에 자신도 배신 당할까 봐 두려워했어요. 하지만 제우스처럼 소중히 지켜낸 가치는 결국 새로운 시대를 열었죠. 지켜야 할 가치에 대해 생각해 보세요.

레아와 크로노스

태초에 가이아와 우라노스가 세상을 만들고 난 뒤 그들 사이에 티탄 신족 12신이 태어났어요. 아버지 우라노스가 폭정을 일삼자 어머니 가이아의 도움으로 크로노스는 아버지를 배신하고 신들의 왕이 되었어요. 그는 누이인 레아와 결혼했어요. 그런데 크로노스는 한 가지 무시무시한 예언을 들었어요.

"네 아버지를 몰아낸 것처럼 너도 네 아들에 의해 왕좌에서 쫓겨날 것이다!"

자신이 저지른 일에 대한 업보였어요. 불안해진 크로노스는 아내 레아가 아이를 낳을 때마다 끔찍한 일을 저질렀어요. 헤스티아, 데메테르, 헤라, 하데스, 포세이돈이 태어났지

만, 아이들이 태어나자마자 크로노스는 한입에 아이들을 꿀

꺽 삼켜버렸어요. 권력은 아버지와 아들도 나눠 가지지 못하

는 잔인한 속성이 있나 봐요.

어느 날, 여섯째를 임심한 레아는 이 아이 또한 다른 자녀

들과 똑같은 운명에 처할 것을 두려워 해서 크레타 섬의 깊

은 동굴에 숨어서 제우스를 낳았어요. 그리고 크로노스 앞에

아기 대신 커다란 돌덩이를 포대기에 싸서 놓았어요.

"새로 태어난 막내예요."

크로노스는 설마 그것이 돌덩이일 줄은 꿈에도 모르고 단숨에 삼켜버렸어요. 무사히 살아난 제우스는 크레타 섬의 님프들과 함께 암염소 아말테아의 젖을 먹으며 튼튼하게 자랐어요. 그래서 제우스의 고향은 이곳 크레타 섬이에요.

성장한 제우스는 자신의 형제들을 구하기 위해 지혜의 여신 메티스가 만든 구토제를 들고 아버지 크로노스를 찾아갔어요. 약을 마신 크로노스는 예전에 삼켰던 돌덩이와 제우스의 형제자매를 차례로 토해냈는데, 신기하게도 형제자매들은 크로노스의 뱃속에서 성장한 모습으로 나왔어요. 이때 함께 튀어나온 돌덩이는 델포이 신탁의 기원이 되었어요.

구출된 형제들은 제우스와 힘을 합쳐 크로노스를 비롯한 티탄 신족과 10년 동안 거대한 전쟁(티타노마키아)을 벌였어요. 결국 제우스 군단이 승리하면서 올림포스 신들이 질서를 재편하는 새로운 시대가 본격적으로 열리게 되었지요.

신화의 교훈

　　하늘의 왕으로서 우주의 질서를 세우는 권력의 상징 제우스와, 결혼과 가정을 수호하는 헤라 사이의 갈등을 인간 본성이라는 관점에서 생각해 보세요.

제우스와 헤라

올림포스 산에서 신들의 왕인 제우스와 그의 아내인 헤라 여신이 황금 의자에 앉아 있어요. 그들이 올림포스 산에 정착하기까지는 많은 어려움이 있었어요. 두 번이나 신들과 전쟁을 치러야 했거든요. 처음 전쟁은 티탄 신족과 10년 동안 싸운 '티타노마키아' 전쟁인데, 이 전쟁에서 제우스를 중심으로 한 형제자매들이 승리했어요. 그런 다음 거인족과 싸운 '기간토마키아' 전쟁에서도 승리한 후에야 올림포스 산에 정착한 거예요.

제우스의 형제자매이면서 올림포스 1세대 신들로는 바다의 신 포세이돈, 대지의 여신 데메테르, 불의 여신 헤스티아, 지하 세계의 신 하데스가 있어요. 결혼의 여신 헤라는 제우스의 누이로, 제우스와 결혼하여 신들의 여왕이 되었죠. 올림포스 산에 정착한 제우스와 그의 형제자매들은 각자 통치할 세상을 나누었어요. 먼저 신들의 지배자인 제우스가 말했어요.

"그동안 전쟁에서 싸우느라 고생했소. 이제 이 세상을 다스려야 하니 각자 자신이 통치하고 싶은 곳을 말해주시오. 먼저 나는 하늘을 다스리겠소."

다음으로 제우스의 형인 포세이돈이 말했어요.

"나는 바다를 다스리겠소. 나를 바다의 신이라 불러주시오."

그 다음으로 또 다른 제우스의 형인 하데스가 말했어요.

"나는 지하 세계를 다스리겠소. 나를 지하 세계의 신이라 불러주시오."

그들은 모두 하늘의 신이자 최고신으로서 제우스가 대지를 풍요롭게 하리라고 기대했어요.

제우스는 변신을 잘해요. 헤라의 마음을 얻기 위해 뻐꾸

기로 변신해서 동정심을 얻어낸 후에 결혼을 할 수 있었다고 해요. 그들은 성대한 결혼식을 올렸고, 그들 사이에서 네 명의 자녀가 태어났어요. 신들에게 술잔을 올리는 헤베, 전쟁의 신 아레스, 출산의 여신 에일레이티이아, 그리고 대장장이 헤파이스토스가 있어요. 이 네 명의 자녀 외에도 제우스에게는 또 다른 여성들과의 사이에서 낳은 자식들이 있어요. 사실 제우스는 바람둥이거든요. 그래서 헤라는 늘 다른 여신들과 인간 여성들을 질투하곤 했어요. 제우스의 욕망과 헤라의 질투는 다양한 이야기를 만들어냈고, 결국 그리스 신화 이야기를 풍부하게 해주었답니다.

제우스의 자녀 중 올림포스 2세대 일곱 또는 여덟 신들로는 지혜의 여신 아테나, 태양의 신 아폴론, 달의 여신 아르테미스, 전쟁의 신 아레스, 불의 신이자 대장장이 헤파이스토스, 전령의 신 헤르메스, 포도주의 신 디오니소스, 그리고 거품에서 태어난 사랑과 미의 여신 아프로디테가 올랐어요.

신화의 교훈

인간을 야만의 상태에서 벗어나게 한 불의 의미와, 인간을 미개 상태로 통제하려고 한 제우스의 권위에 저항해서 인간에게 불을 가져다준 프로메테우스의 정신에 대해 생각해 보세요.

불을 훔친 프로메테우스

왜 한 남자가 바위산에서 독수리로부터 공격받고 있을까요? 이 남자는 프로메테우스입니다. 그의 이름은 '먼저 생각하는 사람(선견지명)'이라는 뜻이에요. 그는 티탄 신족의 아들이었지만, 신들의 전쟁 때 제우스를 도와주었어요. 그래서 처음에는 제우스와 사이가 좋았죠.

그런데 제우스가 숨겨둔 불을 훔쳐서 인간에게 선물해주면서 제우스와 갈등을 일으켰어요. 왜냐하면 그가 선물해준 불로 인해 인간 세상이 점차 번영했기 때문이에요. 그는 불뿐만 아니라 인간에게 유용한 기술도 가르쳐준 인류 최초의 스승이었어요.

한 번은 인간이 신께 드리는 제사에서 제우스를 속이게 되

있어요. 프로메테우스가 제우스에게 말했어요.

"제우스 신이여, 여기 맛있는 고기를 포장해 놓았습니다."

제우스는 프로메테우스의 말을 철석같이 믿고 포장된 고기를 선택했어요. 그런데 그 고기는 희생물 황소의 가장 나쁜 부위인 뼈를 포장해 놓은 것이었죠. 더군다나 숨겨 두었던 최상위 신선한 살코기 부위는 배고픈 인간들에게 나누어 준 거예요.

제우스는 신들의 우두머리인 자신을 모욕했다고 느꼈기 때문에 프로메테우스에게 벌을 주기로 했어요. 그래서 프로메테우스를 카프카스 산에 있는 바위 위에 사슬로 묶고, 그의 간을 사악한 독수리가 영원토록 먹게 하는 잔인한 고통을 주었어요. 다음 날 그의 간은 다시 자라나 독수리가 행복하게 먹을 수 있었죠. 이 끝없는 고통은 인간을 도왔다는 이유로 프로메테우스에게 주어진 형벌이었어요. 그의 비명소리는 올림포스에서 멀리 떨어져 있는 신들조차 들을 수 있을 정도였어요. 제우스는 만족해 했어요. 이것은 그의 적에 대한 경고였거든요.

　후에 위대한 영웅 헤라클레스가 카프카스 산을 지나가다
가 고통 속에 있는 프로메테우스를 보았어요. 그리고 독수리
를 죽여서 그를 고통으로부터 구해주었어요. 프로메테우스
는 뛰어난 예지력으로 약한 인간을 도운 정의의 상징이자 불
의에 무릎 꿇지 않는 저항 정신의 상징이 되었어요.

　우리 모두 프로메테우스에게 인사해요.

　"프로메테우스 신이시여, 약한 우리 인간들을 불쌍히 여겨
도와준 점에 대해 감사해요! 당신은 위대한 신입니다."

제우스는 인간에게 직접적으로 재앙을 준 것이 아니라, 인간의 호기심이라는 마음을 이용했어요. 호기심이라는 마음 뒤에 숨겨진 치명적인 대가의 의미에 대해 생각해 보세요.

판도라의 상자

프로메테우스가 인간에게 불을 가져다준 후 제우스는 그에게 잔인한 형벌을 내렸고, 인간에게도 복수를 결심했어요.

제우스는 대장장이 아들 헤파이스토스에게 말했어요.

"아들아, 세상에서 가장 아름다운 여성을 만들어내라."

헤파이스토스는 아버지의 명령에 따라 미의 여신 아프로디테를 모델로 세워 여신의 형상을 닮은 여인을 창조했어요. 일단 흙과 물로 몸을 만든 후 바람으로 그 조각상에 생명을 불어넣었어요. 그렇게 탄생한 여인은 올림포스의 모든 신들로부터 선물을 받았어요.

"나, 아프로디테는 너에게 아름다움과 우아함과 욕망을 주겠노라."

“나, 헤르메스는 말재주와 거짓말하는 능력을 주겠노라.”

“나, 아테나는 옷 짜는 기술을 가르쳐주겠노라.”

“나, 포세이돈은 물에 익사하지 않게 해 주겠노라.”

“나, 아폴론은 악기를 연주하고 노래하는 법을 가르쳐주겠노라.”

“나, 제우스는 어리석고 게으른 본성을 주겠노라.”

마지막으로 헤라 여신은 가장 중요한 것을 주었어요.

“나, 헤라는 눈치 빠른 호기심을 주겠노라.”

그녀의 이름은 신들로부터 ‘모든 선물을 받은 이’라는 의미의 ‘판도라’라고 지어졌어요.

제우스는 판도라를 프로메테우스의 동생 에피메테우스에게 보내기 위해 전령의 신 헤르메스를 불러 명령했어요,

“판도라를 땅으로 데려다주어라. 그리고 이 상자를 판도라에게 전해주거라.”

제우스는 인간들에게 직접적인 재앙을 주기보다는 헤르메스를 통해 선물 상자를 판도라에게 주었어요.

프로메테우스는 제우스가 여전히 화가 나 있어 복수를 결심하고 있다는 걸 알고 있었어요. 그래서 동생에게 절대로 제우스가 주는 선물은 받으면 안 된다고 말해주었어요. 하지만 에피메테우스는 판도라를 보는 순간 사랑에 빠져 그녀와 결혼을 결심했어요.

그들은 행복한 결혼 생활을 이어갔어요. 그러던 어느 날, 판도라는 제우스의 선물 상자가 궁금했어요. '절대 상자를 열어 보면 안 된다'는 제우스의 경고를 무시하고 헤라가 준 호기심이 발동하여 그만 상자를 열고 말았어요. 상자가 열리자마자, 그 안에서 질병, 고통, 혼란, 다툼, 증오 등 온갖 재앙이 세상에 퍼져 나갔어요. 놀란 판도라가 황급히 뚜껑을 닫았지만 이미 대부분의 악들은 빠져나간 뒤였고, 맨 밑바닥에 희망만이 남았다고 해요. 왜 희망이 맨 마지막에 남았을까요? '인간은 온갖 재앙과 고난 속에서도 마지막 남은 희망으로 살아갈 수 있다'는 것을 의미해요. 여러분도 늘 희망을 품고 긍정적인 마음으로 지내도록 해요.

신화의 교훈

인류 최초의 여성 판도라가 만들어지자 신들은 각자 선물을 주었어요. 지상에 내려온 판도라는 열지 말라는 상자를 열어서 인류를 재앙에 빠뜨렸죠. 그것이 판도라의 잘못인지 생각해 보세요.

전령의 신 헤르메스

제우스의 아들이자 올림포스 신에 이름을 올린 헤르메스는 가장 나이 어린 신으로, 신들의 메시지를 전하는 '전령의 신'이에요. 그는 날개 달린 모자와 날개 달린 샌들, 그리고 뱀 두 마리가 얽힌 지팡이를 짚고 나타나요. 날개 달린 모자는 여행자들이 쓰는 모자로 헤르메스의 상징이에요. 그래서 그를 '여행자의 수호신'이라고도 불러요. 날개 달린 샌들은 하늘을 자유자재로 날아다닐 수 있게 해주고, 지팡이는 땅속과 지상을 자유로이 다닐 수 있게 해주죠.

헤르메스는 태어날 때부터 성장 속도가 남달랐어요. 태어난 날 정오 무렵에 '리라' 악기를 만들었고, 밤에는 아폴론의 소떼를 훔쳤어요. 발자국을 감추기 위해 소들의 발에 신발을

거꾸로 신기는 기발한 꾀를 냈
죠. 화가 난 아폴론이 찾아오
자, 헤르메스는 "저는 아직 아
기일 뿐이에요"라고 말해 위기
를 모면했죠. 이에 제우스는
소떼를 돌려보내라고 명령했
고, 헤르메스는 리라를 선물로
주었죠. 리라의 아름다운 소리

에 반한 아폴론은 헤르메스를 용서해주었어요.

　헤르메스는 올림포스 신 중에서 가장 빠른 신이에요. 제우스는 영리한 그를 신들의 공식 심부름꾼으로 임명했어요.

　신들의 전령사로서 헤르메스는 인류 최초의 여성 판도라와 아주 특별한 인연이 있어요. 판도라가 세상에 나올 때 누구든 홀릴 수 있는 부드러운 말재주와 진실을 숨길 줄 아는 거짓말의 능력도 선물로 주었지요.

　판도라가 완성되자, 제우스는 헤르메스에게 그녀를 땅으

로 데려가라고 명령했어요. 헤르메스는 판도라를 데리고 땅으로 내려갈 때 제우스가 준 선물 상자를 하나 건네주며 경고의 말을 전했어요.

"제우스 신의 선물 상자다. 절대로 열어보지 마라."

하지만 판도라는 강렬한 호기심 때문에 결국 금지의 상자를 열어 온갖 불행이 세상으로 퍼져 나가게 되었죠. 최초의 여성이자 선악과에 대한 호기심 때문에 인간에게 죄를 심어준 성경의 이브와도 비슷한 면이 있어요.

하지만 인류의 재앙이 반드시 판도라만의 잘못일까요? 판도라에게 말재주와 호기심을 선물로 준 헤르메스와 헤라 신의 잘못은 없을까요? 판도라는 너무 순진해서 신들의 의도를 생각하지 않고 순수하게 선물로만 알았을지도 모르죠.

헤르메스는 죽은 자의 영혼을 저승에 데려다주는 사후 세계의 안내자 역할을 맡기도 했어요. 영혼을 안전하게 지하 세계에 데려가는 한편, 돌아오는 길도 방황하지 않도록 돕는 신이에요. 신과 인간 사이를 연결하는 존재예요.

페르세포네는 어머니의 과보호 아래 영원한 소녀로 남을 뻔했어요. 어머니를 떠나 자아를 발견한다는 의미와, 선택을 통해 하나를 잃고 하나를 얻은 것에 대한 교환의 의미를 생각해 보세요.

하데스와 페르세포네

여러분은 왜 봄, 여름, 가을, 겨울로 계절이 바뀌는지 알고 있나요? 제우스가 판도라에게 준 선물 상자가 질병과 갈등 등 인류에게 재앙을 가져왔다면, 대지에서는 또 다른 재앙이 인간을 기다리고 있었어요. 인간들은 추운 겨울과 무더운 여름을 겪어야만 했어요. 왜냐하면 대지의 여신 데메테르에게 슬픈 일이 있었기 때문이에요.

제우스와 데메테르 사이에서 페르세포네라는 딸이 있었어요. 페르세포네는 신들의 관심을 받으며 사랑스런 소녀로 성장했고, 데메테르는 딸을 너무 사랑해서 과보호를 했어요.

지하 세계의 신 하데스는 페르세포네를 처음 보았을 때 그녀의 순수함과 아름다움에 심장이 뛰었어요. 그래서 그녀의 어머니 데메테르에게 페르세포네와 결혼하겠다고 말했어요.
데메테르는 화가 나서 하데스에게 말했어요.

"너처럼 늙은 남자가 내 딸과 결혼할 일은 절대 없어."

이 말을 듣고도 하데스는 페르세포네를 포기할 수가 없었
어요. 어느 날, 페르세포네가 계곡에서 수선화 꽃을 꺾으려
손을 뻗는 순간 대지가 열리더니 검은 말이 이끄는 전차를
타고 하데스가 나타났어요. 하데스는 사랑스런 소녀를 마차
에 싣고 지하 세계로 데리고 가버렸어요.

이 소식을 듣고 딸을 잃은 슬픔에 데메테르는 완전 정신이
나갔어요. 그녀의 발길이 닿는 곳마다 푸르던 잎이 시들면서
대지는 황폐화되었어요. 상황의 심각성을 느낀 제우스가 이
비극을 수습하기 위해 나섰어요.

제우스는 전령의 신 헤르메스를 지하 세계에 보내 페르세
포네를 데려오라고 명령했어요. 하지만 영리한 하데스가 페
르세포네에게 이미 달콤한 석류 씨앗을 먹게 한 후였어요.
지하 세계의 음식을 먹은 자는 그곳을 영원히 떠날 수 없다

는 운명의 법칙 때문에 페르세포네를 데려올 수 없었죠.

올림포스 회의에서 제우스는 엄숙하게 판결을 내렸어요.

"석류 씨앗을 먹었으니 그녀는 일 년 중 넉 달은 지하의
왕비로 머물러야 한다. 그러나 나머지 여덟 달은 지상의 어
머니의 품으로 돌아가게 하리라."

하데스도 데메테르도 이 결정이 만족스럽지는 못했지만,
다른 대안이 없었어요. 그렇게 해서 페르세포네가 지상으로
올라오는 날, 데메테르의 기쁨으로 대지에는 초록색 새싹이
돋아나고 꽃들이 만개했어요. 이것이 인간이 맞이한 최초의

봄이에요. 하지만 약속된 시
간이 지나 딸이 다시 지하 세
계로 내려갈 때면 데메테르는
슬픔에 잠겨 대지를 잠재웠어
요. 이 계절은 차가운 바람이
불고 눈이 내리는 가을과 겨
울이에요.

신화의 교훈

　　레토와 니오베는 모두 어머니로서 자식에 대한 애정이 남다르죠. 니오베의 오만함에 대해 레토의 모성애가 잔혹성으로 변해 버리는 이유에 대해 생각해 보세요.

레토와 니오베

티탄 신족의 딸 레토는 제우스와의 사이에서 달의 여신 아르테미스와 태양의 신 아폴론을 두었어요. 레토는 이들 쌍둥이를 낳기까지 이루 말할 수 없는 고초를 겪었어요. 제우스의 아이를 임신했다는 사실을 헤라가 알게 되었기 때문이에요. 질투에 휩싸인 헤라는 불같이 화를 내며 전 지역에 엄포를 놓았어요.

"태양이 비치는 그 어떤 땅도 레토에게 아이를 낳을 자리를 내주지 마라!"

헤라의 보복이 무서워 어떤 섬도, 어떤 지역도 레토를 받아주지 않았죠. 만삭의 몸이 된 레토는 아이를 낳을 곳을 찾아 눈물을 흘리며 그리스 전 지역을 떠돌아야 했죠.

제우스는 레토를 포세이돈에게 맡겼고, 포세이돈은 레토를 델로스 섬으로 안내했어요. 그런데 델로스는 바다 위에 둥둥 떠다니던 작은 섬이었어요. 델로스는 고정된 땅이 아니었기에 헤라가 말한 태양이 비치는 땅의 저주에서 살짝 비껴갈 수 있었죠. 그리고 제우스는 델로스 섬이 더 이상 떠다니지 않게 에게 해의 밑바닥에 네 개의 닻으로 고정해주었어요.

레토는 델로스의 올리브 나무 아래에서 고통 없이 아르테미스를 출산했어요. 하지만 아폴론의 탄생은 무려 9일 밤낮 진통이 지속되었어요. 헤라가 출산의 여신 에일레이테이아를 납치해서 방해했기 때문이에요. 다행히 신들의 덕분으로 아폴론도 무사히 태어났어요. 이때 아르테미스는 태어나자마자, 어머니 레토의 출산을 도왔다고 해요. 후에 아르테미스와 아폴론은 올림포스 신의 위치에 올랐고, 델로스 섬은 신들의 고향이 되어 고대 그리스에서 가장 신성한 장소 중 하나가 되었어요.

오랜 방황 끝에 레토와 아이들은 테베에 정착했어요. 어느 날, 레토는 테베의 왕비 니오베를 만났어요. 그녀는 7남 7녀를 두었다고 잘난 척하는 여인이었어요.

"나는 자식이 14명인데, 레토는 겨우 둘뿐이네."

레토는 아폴론과 아르테미스에게 자신이 겪은 모욕에 대해 말했어요. 이에 신들은 어머니를 모욕하는 일에 절대 참지 않았어요. 그들은 화살을 들고 나타나 니오베의 열네 명의 자식들을 모두 화살로 쏘아 죽임으로써 어머니의 명예를 지켰어요.

하지만 니오베는 가장 행복한 여인에서 자식을 잃은 슬픔에 빠졌어요. 그녀는 자식들의 시신 옆에서 밤낮으로 울다가 딱딱하게 굳어 바위가 되었어요. 바위로 변한 후에도 그녀의 슬픔이 그치지 않아 바위 틈에서 물이 흘러나왔는데, 이 물은 니오베의 하염없는 눈물을 의미한다고 해요. 니오베의 비극적 이야기는 오만불손함에 대한 경고였어요. 신을 두려워하며, 겸손함을 잊지 말라는 의미를 담고 있어요.

신화의 교훈

악타이온의 실수에 대해 아르테미스가 분노한 것은 단순한 수치심이 아니라, 타인의 경계를 존중하지 않는 무례함에 대한 거부였어요. 타인의 경계를 존중하는 것에 대해 생각해 보세요.

사냥의 여신 아르테미스

올림포스 2세대에 속하는 아르테미스는 달의 여신이자 사냥의 수호신으로, 제우스와 레토 사이에서 태어난 딸이자 아폴론과는 쌍둥이 사이죠.

세 살이 되자, 아르테미스는 아버지 제우스의 무릎에 앉아 소원을 들어달라고 졸랐어요.

"아버지, 저는 평생 결혼하지 않고 자유롭게 숲을 누비며 살고 싶어요. 저에게 활과 화살, 그리고 저를 따를 요정들을 주세요."

제우스는 딸의 소원을 모두 들어주었어요. 그때부터 아르테미스는 달빛이 비치는 밤에 요정들을 이끌고 나타나 사냥을 즐기는 야생의 처녀로 자라났어요.

어느 날, 사냥꾼 악타이온이 친구들과 숲에서 사냥을 하다가 우연히 동굴 속 폭포에서 목욕하던 아르테미스를 보게 되었어요. 아르테미스는 자신의 순결을 매우 중요하게 여겼기 때문에 자신의 몸을 본 것에 화가 났어요. 그래서 악타이온에게 물을 뿌리며 저주를 퍼붓자, 그는 사슴으로 변했어요. 악타이온이 데리고 온 사냥개들은 주인을 알아보지 못하고 그에게 달려들었어요. 사냥개들을 피해 계속 도망치다가 결국 그는 사냥개들에게 물려 죽임을 당했어요. 신의 영역을 침범한 인간에게 내린 엄격한 벌이었죠.

아르테미스는 포세이돈의 아들 오리온과는 잘 지냈어요. 오리온은 뛰어난 사냥꾼으로, 두 사람은 함께 사냥을 하며 즐거운 시간을 보냈어요. 하지만 아폴론은 누이가 처녀로 살겠다는 맹세를 저버릴까 봐 오리온과 어울리는 것을 못마땅하게 여겼어요.

어느 날 아폴론은 바다 저 멀리 머리만 내밀고 수영하는 오리온을 가리키며 누이에게 말했어요.

"저 멀리 떠 있는 저 검은 점을 맞출 수 있겠어? 네가 진정 최고의 명사수라면, 그걸 한 발에 맞혀 봐."

그 물체가 오리온인 줄 꿈에도 몰랐던 아르테미스는 화살을 쏘아 명중시켜 오리온을 죽이고 말았어요. 뒤늦게 오리온임을 알고 아르테미스는 큰 슬픔에 빠졌어요.

"오! 아버지 제우스 신이여. 오리온을 부디 살려주세요."

제우스는 딸의 슬픔을 달래주기 위해 오리온을 하늘의 별자리로 올려 오리온 자리로 만들어주었죠. 그의 영혼이 영원히 하늘을 달리며 사냥을 계속할 수 있도록 한 것이죠. 오리온 별자리는 겨울철 밤하늘에서 쉽게 관찰된답니다.

아르테미스는 차갑고 자유분방해 보이지만, 여성의 출산을 돕고 어린아이를 돌보는 여신이기도 해요. 어머니 레토의 명예를 지키기 위해 제일 먼저 달려가 화살을 쏠 정도로 가족과 자신이 아끼는 동물들에게는 누구보다 충직한 수호신이었어요.

신화의 교훈

　아무리 아름다운 신이라고 해도 사랑 앞에서는 일방적인 권력을 행사할 수 없어요. 상대가 원하지 않는 구애는 공포와 폭력일 뿐이에요. 사랑의 감정을 다스리는 점에 대해 생각해 보세요.

아폴론과 다프네

어느 날, 태양의 신이자 시를 사랑한 아폴론 신이 활과 화살을 다루고 있는 에로스와 마주쳤어요. 에로스는 화살을 쏘아 사람들의 마음에 사랑의 감정을 일으키는 신이에요. 당시 아폴론은 끔찍한 이무기와 싸워 이겼는데, 그 일로 승리의 기쁨에 도취해 있었어요.

"어이 꼬마, 그 작은 화살로 뭘 하려는 거지? 어서 그 무기를 내려놓고 도망가는 게 어때?"

아폴론은 에로스의 활과 화살을 무기로 오해하고는 에로스의 임무를 깎아내리면서 자기처럼 힘쎈 신에게서 도망치라고 말했어요.

이 말은 들은 에로스는 화가 나서 복수를 하기로 결심했어요. 그래서 바위에 올라가 두 개의 화살을 당겼어요. 하나는 날카롭고 금으로 장식된 화살촉이었고, 다른 하나는 무디고 납으로 된 화살촉이었어요. 날카롭고 금으로 장식된 화살이 아폴론의 심장을 관통해서 강의 신의 딸이자 물의 요정인 다프네를 향한 사랑에 불을 붙였어요. 하지만 다른 무디고 납으로 된 화살은 다프네의 심장을 관통해서 사랑에 대한 반감을 일으키도록 했어요.

드디어 화살에 주문이 걸리자, 아폴론은 미칠 듯이 사랑의 감정에 빠져서 다프네에게 사랑을 고백했어요.

"오! 요정이여, 나의 불타는 사랑을 받아주오."

하지만 에로스의 무딘 화살을 받은 다프네는 아폴론의 사랑에 응답하지 않았어요. 다프네의 거절에도 아랑곳없이 아폴론은 그녀에 대한 사랑을 멈추지 않았어요.

"나처럼 아름다운 신의 사랑을 거절하는 당신을 이해할 수 없소. 당신을 영원히 사랑하겠소."

요정으로서 다프네는 끝내 신의 사랑을 거절하고는 아폴

론으로부터 도망치기로 결심하고 강의 신인 아버지에게 도움을 요청했어요.

"아버지, 아폴론 신으로부터 제 순결을 지킬 수 있게 도와 주세요."

딸의 절박한 목소리에 강의 신이 응답했어요. 곧바로 다프네의 몸은 향기를 가진 작은 나무로 변신하기 시작했어요. 머리카락은 잎사귀로, 허벅지는 나무껍질로, 발가락은 뿌리로 변하여 대지를 움켜쥐었어요. 두 팔에서는 가지가 뻗어 나왔어요. 이 나무는 월계수 나무였어요. 월계수로 변한 다프네를 바라보며 상실감에 빠진 아폴론은 이 신성한 나무로 만든 월계수관을 쓰고 영원히 다프네와 함께했어요. 이후 월계수관은 아폴론 신을 상징하는 이미지가 되었어요. 하지만 그 뒤에는 누군가의 희생과 아픔도 있었음을 기억하도록 해요.

사랑하는 사람을 잃은 슬픔은 예술로 치유할 수 있지만, 돌이킬 수 없는 실수나 죽음의 섭리는 인간을 무력하게 만들기도 하죠. 과거에 대한 집착이 아닌 미래를 생각해 보세요.

오르페우스와 에우리디케

아폴론의 아들 오르페우스는 아버지로부터 음악적 재능을 물려받았어요. 그는 세상에서 가장 위대한 리라 연주자이자 매혹적인 목소리를 가지고 있었어요. 신이든 인간이든 그의 음악에 빠질 수밖에 없었고, 심지어 동물들과 바위와 나무들도 그 가까이로 가기 위해 스스로 움직였다고 해요. 그의 이상하고 황홀한 음악은 사람들의 마음을 끌었어요.

어느 날, 오르페우스의 눈길이 나무 요정에게 향했어요. 그녀는 에우리디케로 불리는 아름답고 부끄러움 많은 소녀였어요. 그녀는 오르페우스의 노래를 듣고 그의 목소리에 반했고, 둘은 서로 사랑에 빠져 결혼했어요.

하지만 행복도 잠시 곧 불행이 찾아왔어요. 오르페우스를 경멸하고 에우리디케를 짝사랑한 양치기 남자가 오르페우스를 죽이려고 했어요. 쫓아오는 남자를 피해 그들은 숲으로 피했어요. 추적은 계속 되었고, 한참을 달리던 중 오르페우스의 손에서 에우리디케의 손이 미끄러져 빠져 나갔어요.

오르페우스는 쓰러진 에우리디케를 재빨리 일으켜 세우며 그녀를 살펴보았어요. 그녀의 눈이 죽은 것처럼 감겨 있고, 뺨도 창백해져 있었어요. 주변을 둘러보니 뱀의 둥지가 있었어요. 뒤따라오던 에우리디케는 독사에 물려 죽었던 거예요.

사랑하는 아내의 죽음 이후 오르페우스는 삶의 의미를 찾을 수 없었어요. 그녀를 상실한 슬픔이 계속되자, 결국 그는 지하 세계로 내려가 죽은 아내를 데려오기로 결심했어요. 그의 아버지 아폴론은 지하 세계의 신 하데스에게 아들을 받아들여줄 것을 요청했어요.

지하 세계로 들어간 오르페우스는 하데스 왕과 페르세포네 여왕 앞에서 리라를 들고 아름다운 목소리로 노래를 불렀어요. 그의 목소리에 마음이 움직인 하데스는 오르페우스가

에우리디케를 데리고 지상으로 가도록 허락했어요. 그리고 경고를 주었어요.

"절대로 지하 세계에 있는 동안에는 뒤를 돌아보아서는 안 된다."

이제 오르페우스는 아내의 손을 잡고 바깥 세상을 향해 걸어 나가기 시작했어요. 거의 지상의 출입구에 다가왔을 때, 이때다 싶어 에우리디케를 안으려고 고개를 돌렸어요. 하지만 불행하게도 에우리디케는 태양을 보지 못한 상태였어요. 결국 그녀는 지하 세계로 다시 빨려들어가고 말았어요. 슬픔에 휩싸인 오르페우스는 다시 지하 세계로 들어가고자 했지만, 하데스는 더 이상 그가 들어오는 것을 허락하지 않았어요. 결국 슬픔을 이기지 못한 오르페우스는 비극적인 죽음을 맞이했어요.

신화의
교훈

가장 아름다운 존재인 사랑의 여신은 혼돈과 파괴라는 거품 속에서 탄생했어요. 인간 본능 중 가장 강력한 사랑과 욕망의 힘을 통제하기 위해 어떻게 해야 할지 생각해 보세요.

미의 여신 아프로디테

그리스 신화에서 가장 아름다운 여신 아프로디테의 탄생은 다른 신들의 탄생과는 다르게 조금 신비로워요. 파괴와 혼돈의 사건 속에서 태어났거든요. 크로노스가 왕위를 쟁취하기 위해 아버지 우라노스의 남성성을 거세하여 거세물을 바다에 던졌는데, 그 과정에서 바닷물과 섞여 생겨난 거품으로부터 아름다운 여인이 나타난 거예요.

그녀가 커다란 조개껍데기를 타고 키프로스 섬 해변에 발을 내딛자, 계절의 여신들이 달려와 그녀에게 화려한 옷을 입히고 올림포스 산으로 안내했어요. 신들은 그녀의 아름다움에 넋을 잃었고, 그녀에게 '거품에서 태어난 자'라는 뜻의 '아프로디테'라는 이름을 붙여주었어요.

제우스는 모든 신이 아프로디테를 차지하려고 다투자, 올림포스의 질서를 지키기 위해 결단을 내렸어요. 놀랍게도 제우스는 아프로디테를 자신의 아들인 대장장이의 신 헤파이스토스와 결혼을 시켰어요. 그 이유는 제우스와 헤파이스토스 사이에 있었던 거래 때문이에요. 헤파이스토스는 손재주는 최고였지만, 신들 중 가장 못생기고 다리도 불편해서 아내가 없었어요. 그런데 올림포스 신들이 티탄족과 전쟁을 하고 있을 때, 헤파이스토스는 번개라는 무기를 발명해서 제우스에게 선물로 주었어요. 당시 제우스는 티탄족을 무찌를 수 있게 해 주는 자에게 신들 중에서 가장 아름다운 아프로디테를 아내로 주겠다고 약속했었는데, 헤파이스토스가 만든 번개로 제우스는 티탄족들을 물리칠 수 있었어요. 이후 제우스는 그 대가로 아프로디테를 헤파이스토스의 아내로 맺어 준 거예요.

아프로디테는 남편이 만들어준 눈부신 황금 장신구들을 좋아했지만, 마음속으로는 늘 다른 사랑을 꿈꾸었죠.

어느 날, 아프로디테는 실수로 아들 에로스의 화살에 찔려 미소년 아도니스를 사랑하게 되었어요. 아프로디테는 아도니스에게 사냥할 때 늘 조심하라고 당부했죠. 하지만 아도니스는 멧돼지 사냥 중에 목숨을 잃고 말아요. 아프로디테는 운명의 여신에게 한탄하며 아도니스가 흘린 피 위에 자신의 눈물을 뿌렸어요. 피와 눈물이 섞이자 땅에서는 붉은 꽃이 피었는데, 이 꽃을 '아네모네'라고 해요.

아프로디테는 단순히 외모만 예쁜 미의 여신이 아니라, 사람들의 마음속에 강력한 사랑의 감정을 불어넣기 때문에 사랑의 여신이라고도 불려요. 아프로디테의 아들 에로스는 사랑의 전령 역할을 하는 신이에요.

신화의 교훈

에로스와 프시케의 사랑은 영혼의 고통을 통해 진정한 사랑에 도달하는 과정을 보여주고 있어요. 의심을 극복하고 신뢰를 통해 성숙한 사랑으로 성장하는 것에 대해 생각해 보세요.

에로스와 프시케

프시케는 아름다운 운명을 타고난 소녀였어요. 얼마나 아름다웠는지 사람들이 미의 여신 아프로디테보다 프시케를 더 칭송하기 시작했어요. 질투심으로 화가 난 아프로디테는 아들 에로스를 불러 명령했어요.

"사랑의 화살을 쏘아 세상에서 가장 비열한 괴물과 사랑에 빠지게 하렴!"

그러나 에로스가 프시케를 보았을 때 너무 아름다운 모습에 반해 그만 사랑에 빠지고 말죠. 그는 도저히 어머니의 명령을 따를 수가 없어서 침묵하기로 해요.

몇 년이 지나 프시케의 부모님은 결혼하지 못하는 딸 때문에 델포이 신탁으로 도움을 청하러 갔어요. 아폴론 신은 프시케가 높은 산에 올라가서는 혼자 머물러야 한다고 말해주었어요. 그렇게 신탁의 명령을 수행하고 있을 때, 에로스가 나타나 프시케를 하늘 궁전으로 데려갔죠. 그는 밤마다 그녀를 찾아왔지만, 한 가지 조건을 걸었어요.

"나의 얼굴을 보려고 하지 마시오. 오직 믿음으로만 사랑해야 하오."

프시케는 행복했지만, 지상의 가족이 그리워지자 에로스에게 요청해서 언니들을 초대했어요. 하지만 언니들은 프시케의 행복한 모습을 보고 시기심으로 말했어요.

"네 남편은 사실 흉측한 괴물일 거야! 오늘밤 촛불을 켜고 확인해 봐!"

결국 프시케는 에로스와의 약속을 어기고, 그날 밤 촛불을 켜고 그의 얼굴 가까이 가지고 갔어요. 밝은 빛 속에서 그의 아름다운 얼굴이 보였죠. 이제 안심하고 촛불을 거두려는 순간, 그만 뜨거운 촛농 한 방울이 에로스의 어깨에 떨어졌고, 잠에서 깬 에로스는 슬프게 외치며 떠나버렸어요.

"사랑은 믿음이 없으면 결코 머물 수 없는 법이오!"

남편을 잃고 후회하던 프시케는 아프로디테를 찾아가 용서를 빌었어요. 아프로디테는 그녀에게 불가능한 과업을 내주었죠. 첫 번째는 뒤섞인 곡물을 개미들의 도움으로 분리할 수 있었어요. 두 번째는 사나운 황금 양털을 강의 신이 조언한 대로 지혜로운 거리두기를 통해 가져왔어요. 세 번째는 독수리의 도움으로 지옥 절벽의 폭포수를 떠오는 데 성공했어요. 네 번째는 지하 세계의 여왕인 페르세포네의 아름다움을 상자에 담아오는 것이었는데, 여왕은 흔쾌히 허락해주었어요.

모든 과업을 마치고 돌아왔지만, 아프로디테는 화를 내며 프시케가 항상 자신의 옆에서 하녀로 있어야 한다고 말했어요. 이 모든 상황을 지켜보던 신들은 전령의 신 헤르메스를 에로스에게 보내 사실을 알려주었어요. 에로스는 상처받았던 배신감을 치유하고 그녀에게 나타났어요. 그들은 행복하게 살았고, 제우스는 프시케에게 신들의 음료인 암브로시아를 마시게 하여 영원히 죽지 않는 신으로 만들어주었어요.

신화의 교훈

나르키소스는 연못에 비친 자신을 사랑하는 저주에 걸렸는데, 이러한 성향을 나르시시즘이라고 해요. 지나친 자기애를 극복하고, 상호 소통하는 문제에 대해 생각해 보세요.

에코와 나르키소스

제우스가 다른 요정들과 만나는 동안 제우스를 도왔다는 이유로 나무 요정 에코는 질투심 많은 헤라의 분노를 사서 마지막 단어만 따라하는 저주에 걸렸어요. 이 저주로 인해 에코는 결코 다시는 자신의 말을 할 수 없었어요.

어느 날, 아름다운 청년 나르키소스가 사냥을 하다가 길을 잃고 헤매고 있었어요. 그리고 에코는 헤라의 저주로 인해 슬퍼하면서 숲을 헤매고 있었지요. 그녀가 숲을 헤매고 있는 나르키소스를 본 순간, 그녀는 놀랄 만큼 아름다운 나르키소스에게 한순간에 매혹되었어요. 그녀는 나무 뒤에 숨어서 적절한 순간을 참을성 있게 기다리며 그를 따라다녔어요. 어느 순간 이상한 느낌을 받은 나르키소스가 말했어요.

"여기 누군가 있어?"

그러자 에코가 그의 마지막 말을 따라하며 "있어?"라고 대답했어요. 에코는 나르키소스를 뒤따라 걸으면서 그의 마지막 말만을 반복했어요. 혼란스럽고 반복적인 대화가 이어지자 나르키소스는 그녀를 불러냈어요.

"나와서 얼굴을 좀 보자."

그 말에 이제 기회가 왔다고 생각한 에코는 그를 향하여 덥석 안기려고 했어요. 그러나 그 순간 나르키소스는 소스라치게 놀라 에코를 밀쳐내며 말했어요.

"너를 사랑하느니 차라리 죽는 게 낫겠다."

그 말을 남긴 채 나르키소스는 멀리 도망갔어요. 나르키소스가 자신을 피해 도망가자, 에코는 너무 비참한 나머지 동굴로 숨어 들어갔어요. 그녀는 비탄에 빠져 아무것도 먹지 않고 한숨도 자지 않았어요. 한참 후 에코는 점점 말라가더니 먼지가 되어 사라졌고, 그녀의 목소리만 남았어요.

나르키소스가 태어났을 때, 어머니는 예언자 테이레시아

스에게 아이의 운명을 물어본 적이 있었어요.

"아이가 자라 자신의 모습을 보지 않는 한 오래 살 것이다."

테이레시아스는 수수께끼 같은 예언을 남겼지요.

나르키소스는 매우 아름다운 청년으로 많은 소녀들의 사랑을 받았으나, 그 누구의 마음도 받아주지 않았어요. 복수의 여신 네메시스가 에코의 짝사랑을 받아들이지 않은 나르키소스에게 벌을 내리기로 결심했어요. 사랑에 대해 보답받지 못하는 것이 얼마나 큰 고통인지를 알려주려고 했어요.

어느 날, 나르키소스는 에코가 죽은 동굴 근처 연못에 비친 잘생긴 자기 자신을 보고 사랑에 빠졌어요. 결국 나르키소스는 연못을 떠나지 못하고 그 자리에서 그만 굶어 죽고 말았어요. 죽기 전 나르키소스는 그의 모습을 보고 말했어요.

"안녕, 소년이여. 영원히 사랑하겠노라, 너와 함께."

나르키소스의 말을 동굴 속 에코의 목소리가 "함께"라며 마지막 말을 반복했어요. 나르키소스가 죽은 자리에는 수선화 꽃이 피었어요.

낮의 세계가 아폴론적 '질서와 이성'이라면, 디오니소스는 밤의 세계인 '혼돈과 감성'을 담당합니다. 적당함을 넘어선 과도한 몰입은 자아를 파괴할 수도 있다는 점에 대해 생각해 보세요.

포도주의 신 디오니소스

아버지 제우스와 죽을 수밖에 없는 운명의 인간 여인과의 사이에서 태어난 자녀들이 있어요. 그중 디오니소스의 탄생은 가장 비극적이었어요. 그의 어머니 세멜레는 테베의 공주였는데, 제우스가 신성한 존재임을 알고 임신을 했죠. 그리고 아이의 아버지가 제우스라고 떠벌리고 다녔어요. 헤라가 이 사실을 알고 유모로 변장하여 그녀를 찾아갔어요.

"세멜레님, 어떻게 아이의 아버지가 제우스 신인지 알 수 있죠? 제우스 신에게 완전한 모습을 보여달라고 하세요."

헤라의 꼬드김에 넘어간 세멜레는 제우스가 찾아온 날 임신한 사실을 알려주었어요. 그리고 제우스는 선물로 그녀가 원하는 어떠한 것이든 들어주겠다고 맹세했어요.

"그러면 제우스님의 완전한 모습을 보여주세요."

제우스는 한 번도 자신의 약속을 깬 적이 없기에 슬퍼하며 세멜레에게 자신의 본모습(번개)을 보여주었어요. 그 순간 강렬한 빛에 의해 세멜레는 타 죽고 말았어요. 하지만 제우스는 아직 태어나지 않은 태아를 용서했어요. 그리고 태아였던 디오니소스를 자신의 허벅지에 넣어 키워 탄생시켰어요. 그는 신들 중 유일하게 인간 어머니를 두었지만, 불멸을 수여받았어요.

디오니소스는 자라서 각 지역을 떠돌아다녔는데, 헤라 여신의 질투가 그에게 광기를 불어넣었기 때문이라고 해요. 이로 인해 각 지역에 포도 재배가 퍼져 나갔어요. 그는 포도주 만드는 법을 세상에 퍼뜨리며 사람들에게 즐거움을 주는 동시에 통제되지 않는 광기도 주었어요.

그리스 비극과 희극은 모두 디오니소스 축제에서 시작되는데, 배우가 가면을 쓰고 자신이 아닌 다른 존재가 되는 연극은 디오니소스적 '탈자아'와 연결되기 때문이에요. 그런

점에서 디오니소스는 단순한 '포도주의 신'이 아니라 인간 내면의 억눌린 본능을 해방시키고 삶의 생동감을 일깨우는 풍요의 신이자 황홀경의 신이에요. 케이팝 스타 BTS는 서구인들이 감추고 싶었던 디오니소스 신을 노래로 불렀어요. 예술을 위해 음악에 빠지라고 하면서 새로운 문명의 전파자로서 그를 다시 소환하고 있어요.

● 제우스와 인간 여성 사이의 자녀들

제우스	자녀	역할
세멜레	디오니소스	올림포스 신
다나에	페르세우스	영웅
알크메네	헤라클레스	영웅, 올림포스 신으로 승격
레다	카스토르 폴리데우케스 헬레네	영웅 영웅 트로이의 헬레네
이오	에파포스	이집트의 왕
에우로페	미노스	크레타의 왕
(요정) 칼리스토	아르카스	아르카디아의 왕

신화의
교훈

때로는 문제를 정면으로 마주하는 것보다 한 걸음 뒤에서 거리두기를 통해 객관적으로 바라볼 때 지혜가 생기기도 해요. 페르세우스의 방패가 주는 의미를 생각해 보세요.

페르세우스와 메두사

　페르세우스는 제우스와 아르고스의 공주 다나에 사이에서 태어났어요. 제우스가 황금비로 변신하여 낳은 아들이에요. 페르세우스가 태어났을 때 아크라시오스 왕은 장차 손자에 의해 죽임을 당할 거라는 신탁의 예언을 듣고 다나에와 손자를 나무 궤작에 넣어 강물에 흘려 보내라고 명령했는데, 다행히 제우스의 도움으로 세리포스 섬에 도착해서 살게 되죠.

　그런데 이 섬의 왕 폴리데크테스는 다나에와 결혼할 욕심으로 페르세우스를 없애기 위해 불가능한 임무를 내려요.

　"가서 쳐다보기만 해도 돌로 변한다는 괴물 메두사의 머리를 베어 오너라!"

　아무런 장비도 없이 떠난 페르세우스를 돕기 위해 신들이 나섰어요. 그는 신들로부터 전설적인 선물을 받았죠. 아테나의 방패는 거울처럼 매끄러워 메두사를 직접 보지 않고 비춰볼 수 있었어요. 헤르메스의 신발은 하늘을 자유롭게 날 수 있는 날개 달린 신발이에요. 하데스의 투구는 모습이 보이지 않게 되는 투명 투구예요. 마법 주머니는 메두사의 머리를 안전하게 담을 수 있는 가방이에요.

페르세우스는 메두사가 사는 동굴로 살금살금 들어갔어요. 직접 눈을 마주치면 돌이 되기 때문에, 그는 방패에 비친 메두사의 모습만 보며 다가갔어요. 메두사가 잠든 사이, 단칼에 괴물의 머리를 벤 후 투명 투구를 쓰고 메두사의 자매들로부터 무사히 도망쳤어요.

그때 메두사의 피에서 날개 달린 말 페가수스가 태어났어요. 페가수스는 올림포스 산으로 올라가 제우스의 궁전에 살면서 제우스에게 천둥과 번개를 운반해 주었어요. 죽어서는 하늘로 올라가 별이 되었다고 해요.

돌아오는 길에 페르세우스는 바다 괴물의 제물이 될 뻔한

안드로메다 공주를 발견해요. 안드로메다는 에티오피아 왕국의 케베우스 왕과 카시오페이아 왕비의 딸이었어요. 어느 날, 왕비가 바다의 요정들에게 딸의 아름다움을 떠벌렸다가 요정들의 미움을 샀어요. 그녀들은 아버지 바다의 신 포세이돈에게 달려가 오만한 여왕을 혼내달라고 간청했죠.

"안드로메다를 바다 괴물의 희생양으로 보내라."

신탁은 안드로메다를 괴물에게 보내는 방법밖에 없다고 말해주었어요. 결국 그녀는 바위 위 사슬에 묶인 채 운명을 기다리고 있었죠.

그때 페르세우스가 나타나 메두사의 머리를 꺼내 괴물을 돌로 만들어버리고 공주를 구해주었죠. 궁전으로 돌아온 두 사람은 결혼식을 올렸어요. 그리고 어머니를 괴롭히던 비겁한 왕 폴리덱테스도 메두사의 머리를 꺼내 돌로 만들어 응징하며 복수에 성공해요. 그후 모두 하늘의 별자리가 되었어요. 아테나 여신은 페르세우스와 카시오페이아 근처 북쪽 별자리 사이에 안드로메다의 별자리를 위치시켜주었어요.

신화의 교훈

헤라클레스 이야기는 단순히 힘 센 자의 이야기가 아니에요. 자신의 광기로 인한 잘못을 속죄하는 인간의 의지를 상징해요. 고통을 이겨낸 인간 정신의 승리를 생각해 보세요.

헤라클레스의 모험

　헤라클레스는 그리스 신화에서 가장 널리 알려진 영웅이에요. 12과업을 비롯해 수많은 난제를 해결함으로써 신으로까지 추앙받았어요.

　기간테스의 침략에 맞서 인간 영웅이 필요하다는 운명의 여신들의 예언에 따라 제우스는 인간 여성 알크메네를 선택해서 아기를 낳았어요. 하지만 태어난 직후부터 아기를 미워한 헤라 여신은 아기를 죽이기 위해 요람에 거대한 독사 두 마리를 보냈으나, 아기는 울기는커녕 강철 같은 손아귀로 뱀들의 목을 졸라 죽여버렸어요. 평범하지 않았던 아기는 헤라의 젖을 먹기도 했어요. 그래서 '헤라의 영광'이라는 헤라클레스라는 이름을 얻었지요.

성인이 된 헤라클레스는 헤라가 내린 광기에 휩싸여 아내와 아이들을 자신의 손으로 해치는 비극을 겪게 되요. 정신이 돌아온 그는 절망에 빠져 델포이 신탁을 찾아갔어요.

"죄를 씻고 싶다면, 미케네의 왕 에우리스테우스 밑으로 가라. 그가 내리는 열두 가지 과업을 10년 동안 완수하면 너는 불멸의 삶을 얻으리라."

비겁한 에우리스테우스 왕은 헤라의 사주를 받아 헤라클레스에게 인간으로서는 도저히 불가능한 임무를 내렸어요.

먼저 네메아의 사자와의 대결이에서 헤라클레스는 칼날도 뚫지 못하는 가죽을 가진 사자를 맨손으로 때려잡았어요. 이후 이 사자의 가죽을 갑옷처럼 걸치고 다녔어요. 또 다른 도전은 목을 잘라도 다시 살아나는 머리 아홉 달린 괴물 히드라를 불을 이용해 제압했어요. 그리고 석양의 요정들이 지키는 황금 사과를 백 개의 머리를 가진 용을 죽이고 훔쳐오는 데 성공했어요. 마지막 과업으로 하데스의 머리 세 개 달인 개 케르베로스를 맨몸으로 생포해 지상으로 끌고 올라오는 과업도 완수했어요.

  하지만 아내 데이아네이라를 노리고 있던 켄타우로스족 네소스의 음모가 기다리고 있었어요. 네소스는 헤라클레스가 쏜 히드라의 독화살을 맞고 죽어가면서 데이아네이라를 속여 헤라클레스에 대한 복수를 결심하죠. 남편의 사랑을 되찾고 싶으면 자신의 피를 남편 옷에 묻히라는 것이었죠. 하지만 그 피는 히드라의 독이었어요. 데이아네이라는 남편의 변심을 두려워해 '사랑의 묘약'인 줄 알고 히드라의 독이 묻은 옷을 보냈는데, 그 옷을 입자 헤라클레스는 살이 타들어가는 고통을 느끼게 되었죠. 헤라클레스는 불타는 장작더미 위에 올라가 스스로 화형을 택함으로써 삶을 마감했어요.

  하지만 그의 육신이 타버린 순간, 제우스는 그의 영혼을 거두어 올림포스로 올렸어요. 평생 그를 괴롭혔던 헤라도 마침내 그의 용맹함을 인정하고 딸 헤베를 아내로 삼도록 해주었어요. 그렇게 헤라클레스는 인간 중 유일하게 신의 반열에 올라 밤하늘의 별자리가 되었어요.

신화의 교훈

포세이돈의 소금 우물은 강력해 보이지만, 아테나의 올리브 나무는 식량이나 연료로 쓸 수 있는 실용적인 선물이었어요. 실용적 지혜가 승리한다는 가치에 대해 생각해 보세요.

아테나와 올리브 나무

고대 그리스 도시 중에서 아테네는 민주주의를 꽃 피운 도시로 잘 알려져 있어요. 그런데 이 도시의 이름 아테네는 지혜의 여신 아테나로부터 그 이름을 가져온 거예요. 어떻게 아테네라는 이름을 얻은 것일까요?

올림포스의 신들은 이 사랑스런 땅을 보았을 때 자신들의 이름을 따라 도시의 이름을 짓고 그곳의 수호자가 되기를 원했어요. 그중 가장 끈질긴 라이벌은 바다의 신 포세이돈과 지혜의 여신 아테나였어요. 결국 그들의 논쟁을 해결하기 위해 제우스가 나섰어요.

"각자 도시를 위한 선물을 만들어주고, 그 결과를 시민들에게 물어보자."

여기에서 결정된 신이 그 도시의 수호자가 되는 거였어요.

어느 날, 도시의 시민들은 그들에게 선물을 주겠다는 신들을 보기 위해 높은 언덕으로 올라갔어요. 먼저 포세이돈이 그의 선물을 꺼내 들었어요. 그는 자신이 들고 있는 삼지창으로 바위를 치고는 물을 담은 우물을 만들어 바깥으로 내뿜게 했어요. 이 물로 이제 시민들은 가뭄에서 해방된다는 의미였어요. 하지만 사람들은 포세이돈의 선물이 마음에 들지 않았어요. 왜냐하면 그 물에서 소금맛이 났기 때문이에요.

포세이돈이 통치하는 바다의 물맛과 똑같았던 거예요.

다음으로 아테나 여신의 차례가 되었어요. 그녀는 땅에 씨앗을 심었는데, 그 씨앗이 자라 올리브 나무가 되었어요. 시민들은 올리브 나무가 음식과 장작을 제공한다고 생각해서 소금보다는 올리브 나무를 훨씬 더 좋아했어요. 그들은 한목소리로 아테나 여신을 크게 환호했어요.

"아테나 여신 최고! 올리브 나무 최고!"

시민들의 만장일치로 아테나 여신은 그 도시의 수호신이 되었고, 여신의 이름을 따라 도시의 이름은 아테네가 되었어요. 그리고 여신을 기리기 위해 지혜의 상징인 올빼미를 새긴 동전을 만들어 유통시켰어요. 오늘날까지 아테네 도시 주변에는 올리브 나무가 많이 심어져 있답니다.

테세우스가 프로크루스테스라는 악당을 제거한 모험에서 '프로크루스테스의 침대'라는 말이 유래했는데, 개인의 기준으로 타인과의 차이를 무시하면 안 된다는 신화의 교훈에 대해 생각해 보세요.

테세우스의 모험

테세우스의 아버지는 아테네의 왕 에게우스였어요. 트로이젠을 여행할 때 에게우스 왕은 트로이젠의 공주 아이트라와 사랑을 나눈 뒤 고국으로 돌아가려 할 때, 커다란 바위 아래에 자신의 칼과 샌들을 숨기며 아이트라에게 말했어요.

"만약 아들이 태어나 이 무거운 바위를 들어 올릴 정도로 자랐을 때, 이 징표들을 가지고 나를 찾아오게 하시오."

드디어 적당한 때가 왔다고 생각한 아이트라는 아들을 운명의 바위로 데리고 갔어요. 테세우스는 가볍게 바위를 들어 올렸고, 징표를 들고 아버지를 만나러 아테네로 떠났어요.

그런데 아테네 인근 언덕에서 프로크루스테스라는 악명 높은 악당을 만났어요. 이 악당은 지나가는 나그네를 자신의 집에 초대한 후 침대로 안내하고는 키가 침대보다 작으면 몸을 강제로 잡아 늘려 침대 길이에 맞춰 죽이고, 키가 침대보다 크면 침대 밖으로 튀어나온 다리를 잘라 죽였어요. 테세우스는 이 잔혹한 악당을 제압한 뒤 그를 침대에 눕혀 그가 나그네들에게 했던 방식대로 처단했어요. 여기에서 유래된 말이 '프로크루스테스의 침대'라고 하는데, 개인의 기준으로 타인과의 차이를 무시하면 안 된다는 의미를 가지고 있어요.

모든 악당들을 물리치고 아테네에 입성한 테세우스는 단숨에 영웅으로 떠올랐고, 드디어 아버지를 만났어요.

그런데 당시 아테네는 크레타 섬의 미노스 왕에게 패배하여 남녀 7명씩을 괴물 미노타우로스의 먹이로 바쳐야 했어요. 테세우스는 이 비극을 끝내기 위해 스스로 제물이 되기로 결심하면서 아버지 에게우스 왕에게 말했어요.

"살아 돌아온다면 배에 흰 돛을 달고, 죽는다면 검은 돛을 달고 오겠습니다."

크레타 섬에 도착한 테세우스를 보고 아리아드네 공주는

첫눈에 반해 그를 돕기로 결심해요. 미노타우로스는 한 번 들어가면 절대 나올 수 없는 복잡한 미궁에 갇혀 있었어요. 그녀는 미궁의 설계자인 다이달로스에게 탈출법을 알아내어 테세우스에게 실타래와 칼을 건넸어요.

"실 끝을 입구에 묶고 들어가세요. 이 칼로 괴물을 처치한 뒤 실을 되감아 나오면 길을 잃지 않을 거예요."

테세우스는 미궁으로 들어가 황소의 머리를 한 괴물 미노타우로스를 처단하고는 실타래를 감아 무사히 탈출했어요.

하지만 고향으로 돌아가는 길에 불행하게도 테세우스는 배의 돛을 흰색으로 바꾸는 것을 잊어버렸어요. 한편 돌아올 아들을 간절히 기다리며 해안가 절벽에 서 있던 에게우스 왕은 멀리서 다가오는 배의 검은 돛을 보고 아들이 죽은 줄 알고 슬퍼했어요. 왕은 그대로 바다에 몸을 던졌고, 이후 그 바다는 그의 이름을 따서 '에게 해'라고 불렸어요. 죽은 왕의 뒤를 이어 왕이 된 테세우스는 아테네를 강력한 도시 국가로 성장시키며 민주주의를 이끈 전설적인 통치자로 남았어요.

신화의 교훈

인간의 삶에서 극단을 피하고 적정선을 유지하는 것은 쉽지 않아요. 다이달로스는 아들에게 너무 높지도 너무 낮게도 날지 말라고 당부하죠. 왜 중간이 중요한지 그 의미에 대해 생각해 보세요.

다이달로스와 이카로스

    테세우스 신화에서 미궁의 비밀을 알려주었던 천재 발명가 다이달로스는 당대 최고의 발명가이자 건축가였어요. 그는 아테네에 살고 있었는데, 뜻하지 않은 사건으로 크레타 섬으로 추방되는 형벌을 받았죠. 그렇게 해서 크레타 섬에 오게 된 그는 미노스 왕을 위해 한 번 들어가면 절대 나올 수 없는 미궁 '라비린토스'를 건설해 주었어요. 그리고 미노스 왕은 파시파에 왕비가 낳은 수치스러운 괴물인 반인반수 '미노타우로스(미노스의 황소)'를 그 미궁에 가두었죠.

    한편 미노스 왕은 다이달로스가 아리아드네 공주에게 미궁을 탈출하기 위한 비밀을 알려주어 테세우스가 실타래로 무사히 빠져나간 것에 대해 크게 분노했어요.

"너와 너의 아들은 그 미궁에서 평생 살아야 할 것이다."

탑의 꼭대기에 갇힌 아버지와 아들은 매일 대화를 이어가며 어떻게 기적을 만들어 탈출할 수 있을지에 대해 궁리했어요.

어느 날, 미궁을 탈출할 방법을 찾던 다이달로스는 그들의 탈출 루트가 하늘임을 깨달았어요. 그는 운명에 대해 순응하기보다 불가사의한 계획을 실현하기로 했어요. 그는 새들을 관찰하고, 새들의 세심한 버릇들을 연구해서 어떻게 탈출할지에 대한 아이디어를 떠올렸어요.

"새들처럼 저 하늘을 날 수 있다면 이곳에서 빠져 나갈 수 있을 거야!"

다이달로스는 몇 년에 걸쳐 미궁 주변에 떨어진 새의 깃털을 모아 거대한 두 쌍의 날개를 디자인해서 밀랍(꿀벌의 분비물로 단단히 굳혀 주는 성분)으로 이어붙였어요.

드디어 그들의 탈출 계획을 실행할 날이 왔어요. 하늘을 날기 전에 다이달로스는 아들 이카로스의 등에 날개를 달아주며 아주 엄격하게 경고했어요.

"아들아, 너무 낮게 날면 날개가 바다에 젖을 것이고, 너무 높게 날면 태양의 열기가 밀랍을 녹여버릴 것이니 꼭 중간에서 날아라."

마침내 두 사람은 두 팔을 벌리고 바다 위 하늘로 날아올랐어요. 그런데 안타깝게도 이카로스는 아버지의 경고를 잊고 태양 가까이 높이 올라갔어요. 강렬한 열기가 깃털을 느슨하게 했고, 결국 깃털을 고정하던 밀랍이 흘러내리기 시작하더니 날개는 순식간에 해체되었죠. 이카로스는 허공에서 절규하며 푸른 바닷속으로 추락했어요.

순식간에 일어난 일로 다이달로스는 아들을 구할 수가 없었어요. 이후 아들을 잃은 상실감을 느낀 다이달로스는 이카로스가 떨어진 그 바다에 아들의 이름을 따서 '이카리아해'라고 붙여주었다고 해요.

홀로 살아남은 다이달로스는 시칠리아로 도망쳐 무사히 정착했지만, 죽을 때까지 아들을 잃은 슬픔에서 벗어나지 못했어요.

오이디푸스의 비극은 자신의 정체성을 알지 못한 데서 시작되었어요. 비록 운명의 희생양이었지만, 진실 앞에서 스스로를 징벌했어요. 인간의 존엄성이 무엇인지에 대해 생각해 보세요.

오이디푸스의 수수께끼

테베의 왕 라이오스는 갓 태어난 아들이 장차 아버지를 죽이고 어머니와 결혼할 것이라는 무시무시한 신탁을 받았어요. 겁에 질린 왕은 신탁을 피하기 위해 태어난 아기의 발목을 묶어 깊은 산속에 버리게 했죠.

하지만 곧 죽을 줄 알았던 버려진 아이는 친절한 목동이 발견해서 이웃 나라 코린토스의 왕에게 데리고 갔어요. 아이가 없었던 왕과 왕비는 아이의 이름을 '오이디푸스'라고 지었는데, '부은 발'이라는 의미였어요. 오이디푸스는 출생의 비밀을 모른 채 자신이 코린토스의 왕자인 줄 알고 씩씩하게 자라났어요.

어느 날, 성인이 된 오이디푸스도 라이오스 왕이 들었던 것과 똑같은 신탁을 듣게 되었어요. 그는 부모님(친부모라고 믿었던 코린토스 왕 부부)을 위해 멀리 떠나기로 결심하죠.

오이디푸스가 테베에 도착했을 때, 얼굴은 사람이고 몸은 사자인 괴물 스핑크스가 테베의 관문을 지키고 있었어요. 스핑크스는 이 도시를 지나가는 모든 사람들에게 수수께끼를 내어 풀지 못하면 누구든 잡아먹었죠. 스핑크스가 오이디푸스에게도 수수께끼를 물었어요.

"아침에는 네 발, 점심에는 두 발, 저녁에는 세 발로 걷는 짐승은 무엇이냐?"

오이디푸스가 그 수수께끼에 대해 설명하기 시작했어요.

"내 답은 사람이다! 그들의 일생에서 아침에는 아기로서 네 발로 기어 다니고, 점심에는 성인으로서 두 발로 걷고, 저녁에는 노인으로서 지팡이를 짚으니 세 발로 다니는 것이다."

수수께끼가 풀리자 스핑크스는 분을 이기지 못하고 바위에서 뛰어내려 죽었어요. 오이디푸스가 테베로 돌아왔을 때, 테베 사람들은 괴물을 물리친 그를 왕으로 추대했어요.

　테베의 왕이 된 오이디푸스는 전염병이 퍼지자, 델포이 신탁으로부터 라이오스 왕의 살인자를 찾아 엄벌하라는 말을 듣게 되고, 이를 해결하는 과정에서 충격적인 진실과 마주하게 되죠. 과거 테베로 오는 도중 사소한 시비 끝에 죽였던 노인이 바로 자신의 친아버지 라이오스 왕이었고, 현재의 왕비 이오카스테가 자신의 친어머니였다는 사실을 알게 된 것이죠. 운명을 피하고자 했지만, 운명은 그에게 가혹했죠.

　충격과 고통 속에서 오이디푸스가 고민 끝에 진실을 알리자, 이오카스테는 스스로 목숨을 버렸고, 오이디푸스는 자신의 눈을 찔러 멀게 했죠. 결국 테베에서 추방된 그는 딸 안티고네와 함께 참회의 길을 떠났어요. 비록 그는 비극적인 최후를 맞이했지만, 인간의 힘으로 어찌할 수 없는 운명의 무게를 보여주고 있죠.

손에 닿는 것이 모두 황금으로 변하면 멋질 것 같지만, 그 결과는 비참했죠. 부와 경제적 가치보다 왜 생명적 가치가 중요한지 생각해 보세요.

미다스 왕의 황금손

　어느 날, 거나하게 술에 취한 노인이 마을을 헤집고 다니자 주민들이 그를 미다스 왕 앞으로 데려왔어요. 미다스 왕은 단번에 그가 술의 신 디오니소스의 스승인 실레노스임을 알아차렸죠. 미다스 왕은 디오니소스가 끔찍이 아끼는 그의 스승을 정성껏 대접했어요. 이에 감동한 디오니소스가 미다스 왕을 찾아와 말했어요.

　"내 스승을 환대해준 그대에게 큰 보답을 하고 싶소. 원하는 소원을 들어주겠소?"

　미다스 왕은 디오니소스 앞에서 한 손을 가슴에 얹고 기다렸다는 듯 외쳤어요.

　"제 손이 닿는 모든 것이 황금으로 변하게 해 주십시오!"

디오니소스는 미다스 왕의 소원을 흔쾌히 들어주었어요. 미다스 왕이 신이 나서 정원의 돌멩이를 만지니 황금이 되었고, 사과를 만지니 번쩍이는 금사과가 되었어요. 그가 만지는 모든 것이 황금으로 변하는 것을 보고는 깜짝 놀랐어요.

"놀라워라! 이제 난 부자가 될 수 있다."

하지만 황홀한 순간은 곧 재앙이 되었어요. 배가 고파 빵을 집어 들자마자 빵이 딱딱한 황금 덩어리로 변해버린 거예요. 포도주를 마시려고 잔을 입에 대자, 술조차 차갑게 굳어 목구멍으로 넘어가질 않았어요. 그제서야 미다스 왕은 자신의 소원이 얼마나 허황된 일인지 알게 되었어요. 금은 많았지만, 정작 아무것도 먹을 수 없게 된 것이죠.

가장 큰 비극이 일어났어요. 아버지가 걱정되어 달려온 어린 딸을 미다스 왕이 무심코 안아준 순간, 사랑스러운 딸마저 차가운 황금 조각상으로 변해버린 거예요. 그는 그제야 자신의 탐욕이 얼마나 어리석었는지 깨닫고 눈물을 흘리며 신에게 빌었어요.

“제발 이 저주를 풀어 주십시오! 이제 황금 따위는 하나도 필요 없습니다!”

디오니소스 신은 미다스 왕의 진심 어린 후회를 듣고 해결책을 알려주었어요.

“팍톨로스 강물에 몸을 씻으면 황금으로 변하게 하는 마법이 강물에 씻겨 내려갈 것이다.”

그후 이 팍톨로스 강에서는 사금이 많이 나온다는 유래가 전해지고 있어요. 마법이 풀리자, 사랑하는 딸을 비롯해서 황금으로 변했던 모든 것들이 원래대로 돌아왔어요. 이후 미다스 왕은 부귀영화를 멀리하고, 자연을 가까이 하며, 소박한 삶의 소중함을 아는 현명한 왕이 되었다고 해요. 황금은 손을 채울 수는 있지만, 영혼의 허기를 채울 수 없는 거랍니다.

　　아무리 뛰어난 영웅이라도 혼자서는 불가능한 일을 각자의 재능을 합치면 해결해 나갈 수 있어요. 어려울 때 도와준 사람을 배신했을 때 어떤 결과가 따라오는지에 대해 생각해 보세요.

이아손과 아르고 호

이아손은 이올코스 왕국의 적법한 왕의 계승자 아이손의 아들이었어요. 하지만 아이손의 의붓형제인 펠리아스는 이올코스의 왕위를 찬탈했조. 그리고 델포이 신탁을 들었어요.

"아이손의 후손이 반드시 보복할 것이다."

성장한 이아손은 숙부 펠리아스에게 빼앗긴 왕위를 되찾으려고 했어요. 펠리아스는 이아손을 제거하기 위해 불가능한 조건을 내걸었어요. 콜키스에 있는 황금 양털을 가져오면 왕위를 주겠다는 것이었죠. 그런데 이 황금 양털은 잠들지 않는 거대한 용이 지키고 있었어요. 신성함과 왕권의 정통성을 상징하는 보물이었기 때문이에요.

이 황금 양털을 훔치기 위해 이아손은 당대 최고의 영웅들을 모으기 시작했어요. 압도적인 힘을 가진 헤라클레스, 리라 연주로 파도를 잠재우는 오르페우스, 북풍의 아들들인 보레아데스, 항해술의 달인 카스토르와 폴리데우케스 등이 합류했어요. 그리고 아테나 여신의 도움으로 거대한 배 '아르고 호'를 제작했어요. 그렇게 해서 이아손과 원정대는 모험을 시작했어요. 오늘날 어벤저스의 원조격이에요.

이아손과 원정대는 수많은 죽을 고비를 넘기고 콜키스에 도착했어요. 하지만 콜키스의 아이에테스 왕은 양털을 쉽게 내주지 않았죠. 이때 왕의 딸이자 강력한 마법사인 메데이아가 이아손을 돕기로 결정해요. 그녀는 이아손에게 반해 아버지를 배신하고 마법 약물을 주어 이아손이 불을 뿜는 황소와 용을 물리치고 황금 양털을 얻을 수 있게 도와주죠. 그 대가로 이아손에게 결혼을 요구했어요. 메데이아의 도움으로 무사히 황금 양털을 손에 넣은 이아손과 원정대는 다시 콜키스를 향해 항해를 계속해요.

그들이 떠나기 전에 메데이아는 그녀의 의붓남동생을 죽

였고, 그의 시신을 바다에 던졌기 때문에 아이에테스 왕은 아들의 시신을 모으느라 그들을 추적할 수 없었어요. 이에 제우스는 메데이아의 잔인함에 화가 나서 세이렌, 스킬라와 카리브디스, 탈로스 등으로 아르고 호에 많은 시련을 안겨주었어요. 이때 오르페우스가 리라를 연주하여 세이렌이 노래를 잠재워서 위기를 모면하기도 했어요. 결국 이아손과 원정대는 그 모든 위험을 극복하고 고향으로 돌아오죠.

이아손은 메데이아와의 약속을 지켜 그녀와 결혼하였고, 그녀의 도움으로 펠리아스 왕을 죽이고 왕위를 되찾았으며, 두 명의 아이를 낳았어요. 하지만 10년 후 이아손이 코린토스의 공주 글라우케와 사랑에 빠지자, 분노한 메데이아는 미칠 듯한 복수심에 불타서 새 신부와 자신의 두 아이까지 죽이고 아테네로 떠났어요. 이아손은 절망에 빠져 배회하다가 과거 영광을 함께했던 아르고 호를 발견했어요. 이제는 썩어버린 그 배 아래에 앉았는데, 그 썩은 배의 나무껍질 한 조각이 머리에 떨어지는 바람에 허망한 죽음을 맞이했어요.

신화의 교훈

　　시시포스 이야기는 무의미한 일을 계속 반복할 수밖에 없는 인간의 부조리한 운명을 보여주고 있어요. 내 운명은 나의 것이고, 이 고통조차 받아들이겠다는 의지에 대해 생각해 보세요.

시시포스의 형벌

코린토스의 왕이었던 시시포스는 신들 사이에서도 혀를 내두를 만큼 영리하고 속임수에도 능해 죽음의 신 타나토스를 두 번이나 속였어요.

어느 날, 시시포스는 독수리로 변신한 제우스가 강의 신 아소포스의 딸 아이기나를 데려가는 것을 목격하게 되죠. 그때 아소포스는 딸을 찾아 헤매고 있었어요. 시시포스는 아소포스에게 제안했어요.

"당신의 딸이 어디 있는지 알려줄 테니, 우리 마을에 마르지 않는 샘물을 만들어주시오!"

그 결과 시시포스는 샘물을 얻어냈지만, 비밀을 들킨 제우스의 분노를 사게 되죠.

제우스는 지하 세계 가장 깊은 곳에 있는 죽음의 신 타나 토스를 불러내 시시포스에게 보냈어요. 타나토스가 시시포스를 쇠사슬로 묶으러 왔을 때, 시시포스는 넉살 좋게 타나토스가 가지고 온 쇠사슬이 어떻게 작동하는지를 알려달라고 하면서 방심한 타나토스의 손에 쇠사슬을 채워 창고에 가둬버렸어요.

죽음의 신 타나토스가 사슬에 묶여 있는 동안 세상에는 아무도 죽지 않는 기묘한 일이 벌어졌어요. 전쟁터에서 칼을 맞아도 사람이 죽지 않자, 전쟁의 신 아레스가 화가 나서 달려와 타나토스를 풀어주고 나서야 시시포스는 지하 세계로 끌려가게 되었어요. 지하 세계로 가기 직전, 시시포스는 아내에게 신신당부했어요.

"내가 죽어도 절대 장례식을 치르지 말고, 시신을 광장에 그냥 버려두시오."

지하 세계에 도착한 시시포스는 지하 세계의 왕 하데스에게 억울한 표정으로 하소연했어요.

“제 아내가 저를 무시해서 장례조차 치러주지 않습니다. 잠시만 지상으로 보내주시면 아내를 따끔하게 혼내고 장례만 치르고 돌아오겠습니다.”

하데스는 그에게 속아 지상으로 올라가기를 허락해주었지만, 지상으로 올라간 시시포스는 약속을 어기고 지하 세계로 돌아가지 않았어요. 그는 오랫동안 행복하게 살다가 늙어서 자연적 죽음을 맞이하고서야 다시 지하 세계로 잡혀 왔어요.

화가 머리끝까지 난 신들은 시시포스에게 가장 잔인하고도 지루한 벌을 내렸어요. 그것은 거대한 바위를 높은 산 정상까지 밀어 올리는 것이었어요. 하지만 비위는 다시 아래로 굴러 떨어져 버렸죠. 시시포스는 다시 밑으로 내려가 바위를 밀어 올려야 했어요. 이 과정은 영원히 반복되는 형벌이었어요. 비록 정상까지 올린 바위가 떨어져 다시 바위를 올리기 위해 내려갈지라도, 시시포스는 패배자의 운명이 아니라 인과응보에 따른 운명이라고 받아들였어요.

신화의 교훈

파리스와 헬레네의 만남은 그리스 역사상 가장 거대한 전쟁인 트로이 전쟁의 도화선이 되었어요. 개인의 욕망이 국가의 운명과 충돌할 때 발생하는 거대한 비극에 대해 생각해 보세요.

파리스와 헬레네

그리스 신화 최고의 전쟁인 '트로이 전쟁'은 어떻게 시작했고, 어떻게 끝날 수 있었을까요?

이 전쟁은 몇몇 질투심 강한 신들과 하나의 사과에서 발생했어요. 펠리우스와 테티스의 결혼식에 초대받지 못한 불화의 여신 에리스가 감정이 상하여 결혼식에 도착하자마자 '가장 아름다운 이에게!'라고 새긴 황금 사과를 신들의 피로연 식탁에 던졌어요. 헤라와 아테나와 아프로디테가 서로 에리스가 던진 황금 사과를 차지하려고 했죠. 그때 제우스가 트로이의 왕자 파리스에게 세 명의 여신 중 한 명을 선택하라고 했어요. 그는 헤라의 권력이나 아테나의 지혜 대신, 세상에서 가장 아름다운 여인을 아내로 맞이하게 해 주겠다는 아프로디테의 제안을 수락하죠.

아프로디테의 약속으로 파리스는 아름다운 여인으로 소문난 '스파르타의 헬레나'를 선택하게 되요. 헬레네는 제우스와 스파르타의 왕비 레다 사이에서 태어났어요. 제우스가 백조의 모습으로 변신해서 찾아갔기에 헬레네는 알에서 깨어났다고 해요. 자라면서 그녀는 세상에서 가장 아름다운 여인으로 소문이 널리 퍼졌죠. 어렸을 때 테세우스에게 납치되었다가 그녀의 쌍둥이 형제 카스토르와 폴리데우케스에 의해 구출되어 고향 스파르타로 돌아왔죠. 후에 구혼자들 사이에서 승리한 메넬라오스와 결혼했죠.

파리스는 스파르타에 손님으로 갔다가 아름다운 스파르타의 왕비 헬레네를 보고 아프로디테의 약속대로 그녀를 데리고 트로이로 도망쳤어요. 파리스가 메넬라오스 왕의 아내인 헬레네를 데려간 것은 신성한 법칙을 위반하는 사건이었죠.

예언 능력이 있던 트로이의 공주 카산드라는 파리스의 행동이 얼마나 큰 파장을 불러올지를 내다보고는 헬레네에게 달려들어 엄청나게 화를 내며 스파르타로 돌아가달라고 했어요. 하지만 헬레네는 스파르타로 돌아가기를 거절했어요. 카산드라가 헬레네를 돌려보내지 않으면 전쟁이 난다고 아무리 경고해도, 파리스는 물론 어느 누구도 그 말을 귀담아 듣지 않았지요.

결국 파리스의 선택은 메넬라오스의 동생인 아가멤논을 필두로 한 그리스 연합군이 트로이를 공격할 명분을 주게 되었어요. 파괴된 사회 질서와 신성한 법도를 바로잡겠다는 것이었죠. 이렇게 해서 그리스군이 군대를 모아 트로이를 침략하러 온 거예요. 그것이 그 유명한 트로이 전쟁이에요. 질투심 강한 몇몇 여신들에 의해 이렇게 역사적 전쟁이 시작되었어요.

트로이 전쟁의 원인이었던 헬레네는 '사랑이라는 감정의 불가항력'과 그에 따른 '도덕적 책임' 사이의 논쟁을 불러일으켰어요. 헬레네는 '트로이의 헬레네' 또는 '스파르타의 헬레네'로 불리고 있어요.

     자신의 잘못으로 딸을 희생해야만 했을 때, 아가멤논이 보여준 비겁함과 이피게니아의 위대한 희생정신은 비교가 되는 대목이에요. 비겁함이 가져온 대가에 대해 생각해 보세요.

아가멤논과 이피게니아

멜네라우스 왕의 동생인 아가멤논은 트로이로 진격할 위대한 그리스 군대를 모았어요. 이곳에 모인 이들은 파리스가 데려간 헬레네의 명예를 지키기로 맹세를 했어요.

"헬레네 여왕을 납치한 저 파렴치한 파리스와 트로이 왕국에게 복수를! 헬레네 여왕의 명예를 위하여!"

그런데 지략가로 알려진 오디세우스는 이 맹세로부터 도망치기 위해 미친 척 광기로 위장했지만, 아가멤논은 오디세우스의 거짓말을 알아차렸죠. 결국 오디세우스는 아킬레우스, 현명한 네스토르, 궁술의 최고자인 테우크로스 등과 함께 트로이를 향해 출발하기 위해 배에 올라탔어요.

트로이 전쟁을 위해 그리스 연합군이 아울리스 항구에 집

결했지만, 떠날 수가 없었어요. 바람이 불지 않았거든요. 그 이유는 총사령관 아가멤논이 사냥 중에 여신 아르테미스의 성스러운 사슴을 죽여서 여신의 분노를 샀기 때문이에요. 예언자 칼카스가 아가멤논에게 말해주었어요.

"아가멤논 왕의 딸 이피게니아를 제물로 바치라고 아르테미스 여신이 요구하십니다."

아가멤논은 신의 명령과 딸을 사랑하는 마음 사이에서 괴로웠어요. 왕이었지만 아버지이기도 했으니까요.

아가멤논은 딸을 희생하기로 결정하고, 당대 최고의 영웅인 아킬레우스와 결혼시키겠다고 거짓말을 해서 아내 클리타임네스트라와 딸 이피게니아를 아울리스 항구로 유인하게 되죠. 진실을 알게 된 이피게니아는 처음에는 놀라 당황했지만, 결국 그리스 연합군의 승리와 조국의 명예를 위해 스스로 제단에 오르기로 결심해요. 그리고 오랜 기다림 끝에 바람이 불기 시작하죠. 바람은 아울리스 항구를 떠나 트로이로 향하게 했지만, 아가멤논의 마음 속엔 깊은 슬픔만이 남았어요. 이 기만적 사건은 훗날 아가멤논 가문이 겪게 될 피의 복수의 직접적인 원인이 되었어요.

그런데 이피게니아를 희생하기로 한 날 이변이 일어나요. 이 사실을 안 아르테미스 여신은 칼이 닿는 순간 이피게니아를 가엽게 여겨 제단의 희생물을 사슴으로 바꾸어 살려주었어요. 그리고 그녀를 타우리스의 사제에게 데려갔죠. 이피게니아는 아버지이 비겁함과 대조되면서 그리스 신화에서 가장 숭고한 인물이 되었어요.

딸을 잃었다고 믿은 어머니 클리타임네스트라는 남편 아가멤논을 증오하게 되요. 그녀는 10년 뒤 트로이 전쟁에서 승리하고 돌아온 남편을 욕실에서 잔인하게 죽임으로써 비극이 시작되죠. 아버지 아가멤논의 비참한 죽음을 전해들은 아들 오레스테스는 누나인 엘렉트라와 함께 어머니 클리타임네스트라를 죽임으로써 아버지의 원수를 갚게 되지만, 이 행동는 반인륜적 범죄였죠. 이 이야기는 서양 문학과 예술 작품에서 많이 다루어지고 있어요.

신화의 교훈

인간은 완벽할 수 없어요. 아킬레우스를 불사신으로 만들기 위한 부모의 노력도 결국 자신의 운명은 스스로 짊어져야 한다는 한계를 보여주고 있어요. 어떤 선택을 할지에 대해 생각해 보세요.

아킬레우스의 발목

트로이 전쟁의 가장 위대한 영웅 아킬레우스는 바다의 여신 테티스와 인간 펠레우스 사이에서 태어났어요. 원래는 제우스와 포세이돈이 아름다운 테티스와 결혼하고자 했으나, 태어날 테티스의 아들이 아버지보다 더 위대한 존재가 되어 하늘의 제왕이 될 거라는 예언 때문에 그녀와의 결혼을 포기하고 인간인 펠레우스와 결혼을 시켰다고 해요. 그녀의 결혼식에 초대받지 못한 불화의 여신이 던진 황금 사과 때문에 트로이 전쟁이 시작되고, 그녀의 아들 아킬레우스의 운명이 이 전쟁으로 결정이 나니 운명의 수레바퀴인 것 같아요.

인간 펠레우스와 결혼한 테티스는 아킬레우스가 태어나자, 아들이 인간의 숙명을 타고나 죽게 될 것을 슬퍼했어요.

"이대로 내 아들을 죽게 하지 않을 거야. 불멸의 존재로 만들 거야."

테티스는 아들을 영원히 사는 불사신으로 만들기 위해 저승의 강인 스틱스에 갓난아기의 몸을 담갔어요. 그런데 테티스가 아기의 발뒤꿈치를 잡고 강물에 넣었기 때문에 그 부분만은 신비한 강물이 닿지 않아 유일하게 상처를 입을 수 있는 약점으로 남게 되었어요. 흔히 치명적 약점을 '아킬레스건'이라고 하는데, 이 신화에서 유래한 말이에요.

아킬레우스에게는 두 가지 운명이 기다리고 있었어요. 하나는 평범하게 오래 사는 것이고, 다른 하나는 트로이 전쟁에서 영광을 얻고 젊은 나이에 죽는 것이었어요. 용맹한 아킬레우스는 주저 없이 '영광스러운 죽음'을 선택했어요.

트로이 전쟁이 터지자, 아킬레우스는 가장 강력한 전사로 이름을 떨쳤어요. 전쟁 중 아킬레우스는 아가멤논과 다투고 한동안 전투에 나가지 않았어요. 그리스군이 계속 패배하자, 아킬레우스의 친구인 파트로클로스가 나서게 되요.

"아킬레우스가 전투에 참가하지 않는다면, 내가 그의 갑옷을 입고 참전하겠다."

트로이군은 그를 아킬레우스로 착각해서 도망갔어요. 그런데 파트로클로스는 아킬레우스의 충고를 무시하고 트로이 진영 깊숙이 들어갔다가, 그만 헥토르에게 죽음을 당하고 말죠. 친구의 죽음에 분노한 아킬레우스는 다시 무기를 들고 전쟁에 나섰고, 결국 헥토르와의 대결에서 승리해요.

하지만 천하무적이었던 아킬레우스도 결국 운명의 시간을 피할 수는 없었어요. 트로이의 왕자 파리스가 쏜 화살이 아킬레우스의 유일한 약점인 발뒤꿈치에 명중한 것이죠. 이 화살은 아킬레우스를 시기했던 태양의 신 아폴론이 조종했다고 전해져요.

마침내 아킬레우스는 트로이 성벽 앞에서 짧은 생을 마감했어요. 아킬레우스가 선택했던 영웅적 삶의 최후였어요. 신의 피를 이어받고 불멸의 강물에 몸을 담갔어도, 결국 인간은 죽음을 피할 수 없었던 거죠.

신화의 교훈

　　　트로이의 목마는 압도적인 물리적 힘보다 지혜와 전략이 더 중요하다는 점을 알려주고 있어요. 보이지 않는 위협과 승리에 대한 도취가 어떤 결과를 가져왔는지에 대해 생각해 보세요.

트로이의 목마

아킬레우스, 현명한 네스토르, 궁술의 최고자인 테우크로스 등 용감한 장군들을 가진 그리스 연합군이었지만, 트로이 군대와의 싸움은 무려 10년 동안이나 계속될 정도로 승부가 나지 않았어요. 트로이의 성벽이 너무 튼튼해서 그리스군이 뚫고 들어갈 수가 없었거든요. 지칠 대로 지친 그리스군 사이에서 지혜로운 영웅 오디세우스가 트로이 사람들을 속이는 기막힌 아이디어를 냈어요. 그는 아가멤논 총사령관에게 말했어요.

"우리가 철수한 것처럼 속이고, 거대한 선물을 남겨두고 갑시다!"

이렇게 해서 그리스군은 바퀴 달린 거대한 목마를 만들었어요. 그리고 오디세우스가 이끄는 가장 용감한 병사들을 속이 빈 목마 안에 몰래 숨겼죠. 나머지 그리스 병사들은 배를 타고 근처 섬 뒤로 숨었죠. 그리스 병사들이 용기를 잃고 후퇴했음을 믿게 만들기 위한 위장술이었어요.

다음 날 아침, 트로이 사람들은 목마만 남긴 채 텅 비어 있는 그리스 진영을 보고 환호했어요.

"드디어 그리스군이 도망갔다! 이 커다란 목마는 신께 바치는 선물인가 봐!"

오디세우스의 계획대로 그들은 그리스 군대가 신에게 줄 선물로 이 목마를 남겨놓고 떠났다고 믿었어요. 하지만 트로이의 공주 카산드라와 제사장 라오콘은 함정이라며 목마를 성벽 안으로 들여오면 안 된다고 경고했어요. 하지만 승리에 취한 사람들은 그 말을 듣지 않았죠. 결국 트로이 사람들은 성벽까지 허물어가며 거대한 목마를 성벽 안 광장으로 끌고 들어왔어요.

그날 밤, 트로이 성벽 안에서는 전쟁이 끝난 것을 축하하는 성대한 파티가 열렸어요. 모두가 술에 취해 깊은 잠에 빠졌을 때, 목마의 배 부분이 조용히 열렸어요. 목마 안 빈 공간에 숨어 있던 오디세우스의 병사들이 줄을 타고 내려와 성문을 활짝 열었고, 섬 뒤에 숨어 있던 그리스 본진이 다시 돌아와 성벽 안으로 들이닥쳤어요. 난공불락이었던 트로이 성은 이 하룻밤 사이의 작전으로 결국 함락되고 말았어요. 트로이 사람들에게 알려져 있지 않았던 전략가 오디세우스의 치밀한 계획 덕분에 그리스 군대는 트로이 전쟁에서 승리할 수 있었어요. 그렇게 해서 10년에 걸친 트로이 전쟁은 그리스군의 승리로 끝을 맺었어요.

"드디어 우리 그리스 군이 승리했다. 이제 고향으로 돌아가자."

전쟁을 승리로 이끈 아가멤논은 전쟁이 끝나고 아르고스 왕국으로 돌아갔고, 오디세우스와 그의 병사들은 고향 이카타를 향해 항해를 시작했어요.

신화의 교훈

키르케 마녀로부터 술과 음식을 대접받은 오디세우스의 병사들은 돼지로 변하는 마법에 걸리죠. 인간적 본능과 이성의 균형 사이에서 어떻게 처신해야 하는지 생각해 보세요.

오디세우스와 키르케

오디세우스라는 이름은 서사시를 쓸 정도의 오랜 여행을 의미해요. 트로이 전쟁에서 승리한 후 오디세우스와 그의 병사들이 고향으로 돌아가는 길은 오랜 시간 모험으로 가득 찼어요.

항해 중 여러 모험을 겪으면서 대부분의 병사를 잃은 오디세우스는 몇몇 병사들과 바다를 떠돌다가 강력하고 매혹적인 마녀 키르케의 집이 있는 아이아이에 섬에 정박했어요.

키르케는 태양 신 헬리오스와 바다의 요정 페르세이스 사이에서 태어난 딸로, 마법에 능한 마녀였어요. 강력한 마법의 힘으로 키르케는 이미 섬에 오디세우스 일행이 도착했음을 알고 있었어요.

섬을 탐험하러 간 오디세우스의 정찰병들이 키르케의 궁전으로 들어갔어요. 키르케는 장엄한 왕좌에 앉아 오디세우스의 부하들에게 맛있는 음식과 술을 대접한 뒤, 마법 지팡이를 휘둘러 그들을 돼지로 만들어버렸어요. 애니메이션 〈센과 치히로의 행방불명〉에서도 아버지와 어머니가 이상한 음식을 먹고 돼지로 변하는 장면이 있는데, 이러한 마법은 단순히 외형을 바꾸는 것이 아니라, 인간 내면에 숨겨진 탐욕의 본능을 드러낸 상징이에요. 술과 음식(쾌락)에 눈이 멀어 경계심을 푼 부하들은 이미 정신적으로 돼지와 다를 바 없었다는 거죠.

병사들을 구하러 가던 중에 오디세우스는 전령의 신 헤르메스를 만나요. 그리고 헤르메스가 준 몰리를 받아 마셨어요. 키르케의 마법으로부터 보호해 주는 약물이었죠.

"어서 내 병사들을 다시 인간의 형태로 돌려놓아라!"

키르케는 오디세우스에게는 자신의 마법이 통하지 않는 것을 알자, 그의 비범함에 반해 그를 연인으로 받아들여요.

“좋다. 대신 여기에서 나와 함께 지내야 한다.”

오디세우스는 헤르메스의 충고대로 자신을 해치지 않는다는 약속을 받아내고서야 아이아이에 섬에서 1년 동안 키르케와 머물게 되었죠. 그러는 동안 오랜 여행에 지쳐 있던 그는 너무 안락한 편안함에 젖어 고향 이타카로 돌아가야 한다는 목적을 잊어버렸어요. 결국 부하들이 오디세우스를 일깨웠어요.

“대장님, 집에 안 가십니까?”

안락함 때문에 자신의 목적을 잃었다는 것을 깨달은 오디세우스는 마침내 키르케를 떠나 집으로 귀환하기로 결심하죠. 그의 결심을 바꾸지 못하자, 키르케는 미래에 그에게 무슨 일이 일어나는지를 알려주기 위해 지하 세계의 눈 먼 예언자 테이레시아스를 소개해 주고, 세이렌을 피하는 방법을 알려주죠. 후에 세이렌은 오디세우스와 그 일행이 겪게 되는 가장 매혹적이면서도 위험한 시련이 되죠. 이제 오디세우스는 고향을 향해 다시 길을 떠납니다.

신화의 교훈

인간은 알고 싶은 욕망이 있지만, 금기시된 것은 위험할 수 있어요. 오디세우스가 그 위험에 도전하기 위해 부하들의 귀를 막고, 자신은 돛대에 묶어 통제했어요. 그의 지혜를 생각해 보세요.

오디세우스와 세이렌

아이아이에 섬에서 1년 동안 키르케와 머물며 안락한 삶을 누리다가 다시 집으로 돌아가기로 결정한 오디세우스는 마녀 키르케로부터 무서운 경고를 들었어요.

"앞으로 세이렌이 사는 섬을 지나게 될 것이오. 그녀들의 노래를 듣는 자는 홀린 듯 바다로 뛰어들어 결국 뼈만 남게 될 것이니 조심하시오!"

그러던 어느 날, 이상하게 불안한 소리가 배 주변에서 들렸어요. 그 소리는 오랜 여행에 지친 그들의 심장을 잡아당기고 즐거움에 울음을 터뜨리게 하는 소리였어요. 일단 오디세우스는 키르케 마녀가 그에게 경고한 세이렌들이 접근하고 있음을 알아챘어요.

세이렌은 아름다운 여인의 얼굴과 새의 몸(또는 인어의 모습)을 하고 있어요. 그들은 세상에서 가장 아름다운 노래로 선원들을 유혹해 스스로 바다에 뛰어들어 죽음에 이르게 하고는 배를 난파시키죠. 치명적 마력의 괴물이었어요.

키르케의 충고대로 지혜로운 오디세우스는 두 가지 대책을 세웠어요. 먼저 세이렌의 노래를 듣지 못하도록 부하들의 귀를 부드러운 밀랍으로 꽉 막게 했어요. 하지만 호기심 많은 오디세우스는 그 신비로운 노래를 직접 듣고 싶었어요. 그래서 그는 부하들에게 명령했어요.

"나를 돛대에 밧줄로 꽁꽁 묶어라. 내가 노래에 홀려 풀어 달라고 몸부림쳐도 절대로 풀어주지 마라!"

드디어 세이렌의 섬 근처에 다다르자, 바람결에 천상의 목소리가 들려왔어요. 그 노래는 오디세우스의 영혼을 뒤흔들 만큼 아름답고 매혹적이었어요.

"아름다운 오디세우스여, 이곳으로 오세요. 당신의 지혜를 찬양하는 우리의 노래를 들으세요!"

오디세우스는 정신이 나간 듯 소리를 지르며 밧줄을 풀려고 발버둥쳤지만, 그를 옭아맨 밧줄은 매우 단단했어요.

"이 밧줄을 풀어줘! 저 바다에 뛰어들고 싶구나!"

하지만 밀랍으로 귀를 막은 부하들은 오직 앞만 보며 노를 저었고, 오디세우스가 날뛸수록 밧줄을 더 꽉 조였어요.

배가 섬에서 멀어지자, 마침내 노랫소리가 잦아들었고, 오디세우스는 제정신으로 돌아왔어요. 전설적인 세이렌의 유혹을 듣고도 살아남은 유일한 인간이 된 것이죠. 자신들의 유혹이 통하지 않자, 자괴감에 빠진 세이렌은 바다에 몸을 던져 목숨을 버렸다고 해요. 어떤 유혹도 끝까지 견뎌내는 의지 앞에서는 이길 수 없다는 교훈을 전해주고 있어요.

'세이렌'이라는 뜻은 노래로 사람들을 유혹해서 묶어버린다고 해서 '끈으로 단단히 묶다'라는 뜻이 있어요. 이 단어에서 구급차에서 울리는 '사이렌' 소리가 나왔다고 해요. 그리고 인어공주 이야기와 스타벅스의 로고도 바로 이 세이렌에서 기원하고 있어요.

10년에 걸친 오디세우스의 여정

1. **트로이** : 12척을 배를 가지고 병사들과 트로이 항구를 출항함

2. **키콘족과의 전투** : 와인에 취한 병사들이 키콘족의 공격을 받음

3. **로터스 이스터족** : 연꽃 마취제를 마신 병사들이 의식을 잃고 쓰러짐

4. **사이클로프스족** : 거인족 폴리페모스의 동굴에 갇혔다가 양을 이용해 빠져나옴

5. **아이올로스** : 바람의 신 아이올로스로부터 바람으로 가득한 자루를 받음

6. **텔레필로스 섬** : 텔레필로스 섬의 라이스트리튀곤족으로부터 공격을 받음

7. **키르케** : 병사들을 돼지로 변신시킨 마녀 키르케와 1년을 보냄

8. **테이레시아스** : 지하 세계의 눈 먼 예언자 테이레시아스에게서 스킬라 괴물과

   카리브디스 해안을 통과해야 한다는 예언을 들음

9. **다시 키르케** : 키케르로부터 세이렌의 위험에 대해 전해 들음

10. **세일렌** : 바다를 지나가는 남자들을 노랫소리로 유혹에 죽음에 이르게 함

11. **카리브디스** : 폭력적 소용돌이를 일으키는 카리브디스 해안을 건너감

12. **스킬라** : 머리 여섯 개 달린 괴물 스킬라에게 여섯 명의 병사를 희생시킴

13. **트레나키아 섬** : 태양신 헬리오스의 소떼를 잡아먹고는 보복을 당함

14. **칼립소** : 티탄 신족 아틀라스의 딸 칼립소와 7년의 세월을 보냄

15. **파이아케스족** : 나우시카의 도움으로 살아나 파이아케스족인 그녀의 궁전에서

    트로이의 서사를 들으면서 오랜 여행의 회환 끝에 눈물을 흘림

16. **아티카** : 고향 이티카로 돌아와 아내 페넬로페에게 구혼하던 108명을 물리침

●트로니 전쟁 후 오디세우스가 고향 이타카로 돌아오기까지 10년 동안의 여정

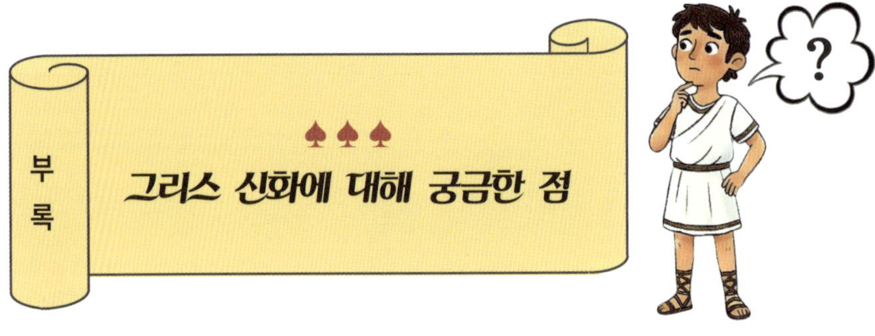

♠ ♠ ♠ 그리스 신화에 대해 궁금한 점

Q. 그리스 신화와 로마 신화는 어떤 차이점이 있나요?

기원전 146년 그리스가 로마에 속국으로 편입된 이후, 그리스 신화는 로마제국으로 이어졌어요. 그리스 신들이 질투하고, 화내는 등 인간과 닮은 모습이라면, 로마의 신들은 위대한 국가를 위해 무엇을 할 것인지를 묻는다는 점에서 차이점이 있어요. 신에 대한 명칭도 달랐어요.

(예) 제우스 → 유피테르, 아프로디테 → 베누스, 아테나 → 미네르바

Q. 제우스 신은 왜 바람둥이 신이 되었어요?

제우스 신은 최고 신이자 하늘의 신으로서 특권을 누렸어요. 고대 그리스의 각 도시국가(폴리스)나 유력 가문들은 자신들의 권위를 세우기 위해 신성한 혈통이 필요했고, 다른 부족을 정복할 때 그 지역에서 믿는 신을 평화적으로 통합할 필요가 있었기 때문에 제우스의 권위를 인정했어요.

Q. 헤라클레스는 왜 위대한 거예요?

그리스 신화에는 많은 위대한 영웅들이 등장해요. 그중 헤라클레스는 가장 위대하다고 칭송하는데, 그 이유는 인간으로서 겪을 수 있는 최악의 비극을 이겨내고, 스스로의 가치를 증명해 낸 서사 때문이에요. 그는 사후에 정식으로 신이 되어 올림포스에 입성한 유일무이 인간이었어요. 그는 우리에게 아무리 가혹한 운명이라도 묵묵히 그 과업을 수행해 나간다면, 끝내 신적인 경지에 도달할 수 있다는 희망을 상징해요.

Q. 그리스 신화는 너무 폭력적인 게 아닌가요?

현대의 도덕적 관점에서 그리스 신화는 잔혹한 이야기로 얼룩져 있어요. 하지만 인류는 수천 년 동안 이 폭력적 이야기를 보존해 왔어요. 그리스인들은 재해, 질병, 전쟁으로 가득한 세상에서 살았어요. 그래서 냉정하고 가혹한 현실을 직시했죠. 요즘 말로 T형 마인드를 가르쳤어요. 이렇게 인간사에서 비극을 보면 그 공포와 연민이 오히려 우리 마음을 깨끗하게 해준다고 해요. 이를 '카타르시스'라고 하죠. 신화 속 잔인한 투쟁은 인류의 역사가 '야만'에서 '문명'으로 넘어가는 과정을 묘사하기도 하고, '사랑', '질투', '배신감' 등 인간의 본성에 대한 깊은 탐구를 보여주기도 해요. 신화는 아름다운 거짓말이 아니라 피와 눈물로 써내려간 인간의 진실이에요.

고대 그리스 역사 연표

연도	사건	내용
BC 3000	크레타(미노아) 문명	그리스 문명 이전에 크레타 섬에 청동기 문명이 발달하였고, 그리스 본토에 영향을 미쳤다.
BC 2000	첫 정착	그리스에 방랑 부족들이 정착을 시작하다.
BC 1600	미케네에 정착	청동기시대 그리스는 미케네 문명을 이루었고, 도시국가를 형성하였다.
BC 1194	트로이 전쟁 시작	그리스인들과 아틀라스 지역의 트로이인들 사이에서 전쟁이 일어나다.
BC 1184	트로이 전쟁 종식	그리스인들이 목마를 이용해 성에 들어감으로써 전쟁에서 승리하였다.
BC 1100	도리아(도리스)인 정착	미케네인들이 북쪽에서 온 철기 문명의 도리아인들에게 침략당했다.
BC 850	그리스 문자	페니키아 문자로부터 그리스 문자가 발전하였다.
BC 800	호메로스	호메로스가 《일리아스》와 《오디세이아》의 서사시를 쓰다.
BC 776	올림픽 경기	올림피아에서 올림픽 경기가 열린 첫 기록이 보인다.
BC 743	1차 메세니아 전쟁 시작	메세니아와 스파르타 사이에 의견 충돌이 전쟁으로 이어지다.
BC 724	1차 메세니아 전쟁 종료	1차 메세니아 전쟁이 스파르타의 승리로 끝나다.

BC 724	폭군의 성장	부유한 상인들에 의해 귀족 통치가 도전받았다. 폭군으로 알려진 그들이 귀족 계급을 장악했다.
BC 621	드라코(Draco)의 법령	이전에 구전으로 전해오던 아테네 법을 드라코가 가혹한 법으로 제정하였는데, 모든 죄인들이 죽음으로 형벌을 받았다.
BC 600	화폐	첫 그리스 동전이 나타나다.
BC 508	민주주의	아테네에서 민주주의를 시작하다.
BC 495	피타고라스	철학자이자 수학자 피타고라스가 죽었다.
BC 490	1차 페르시아 전쟁	페르시아를 급습한 그리스에 대한 보복으로 페르시아가 아테네를 침략했다.
BC 490	마라톤 전투	그리스가 마라톤 전투에서 페르시아를 패배시켰다.
BC 480	2차 페르시아 전쟁	페르시아의 왕 크세르크세스가 쳐들어옴으로써 2차 전쟁이 시작했다.
BC 480 8월~9월	테르모필레 전투	페르시아가 테르모필레 전투에서 패배했다.
BC 480 9월	살라미스 전투	페르시아가 살라미스 전투에서 패배했다.
BC 432	파르테논 축조	파르테논 신전이 아테네에 세워졌다.
BC 431	펠로폰네소스 전쟁	아테네와 스파르타 사이에 주도권을 놓고 펠레폰네소스 전쟁이 시작하다.
BC 404	펠로폰네소스 전쟁 결과	아테네가 스파르타에 패함으로써 아테네의 민주 정부가 무너지고 30인 독재체제로 대체되었다.
BC 403	민주주의	아테네에서 민주주의가 회복하다.
BC 399	소크라테스의 죽음	철학자 소크라테스가 불경죄로 유죄를 받고 처형되었다.
BC 380	아카데미아 설립	소크라테스의 제자 플라톤이 아테네에 아카데미를 설립하다.

BC 359	필리포스 2세 즉위	필리포스 2세가 마케도니아의 왕이 되다.
BC 347	플라톤의 죽음	아카데미아의 설립자이자 《국가》의 저자 플라톤이 아테네에서 죽다.
BC 338	카이로네이아 전투	마케도니아의 필리포스 2세가 그리스를 정복하다.
BC 338	코린토스 연맹	페르시아에 대항하기 위하여 필리포스 2세가 그리스 국가 연합인 코린토스 동맹을 결성하다.
BC 336	알렉산드로스 대왕	필리포스 2세가 암살당하고, 그의 아들 알렉산드로스가 왕이 되다. 그는 후에 알렉산드로스 대왕으로 알려지다.
BC 335	리시움 설립	아리스토텔레스가 아테네에 철학학교 리시움을 세우다.
BC 333	페르시아 정복	알렉산드로스 왕이 페르시아를 정복하고, 페르시아 왕임을 선포하다.
BC 331	이집트 정복	알렉산드로스 왕이 이집트를 정복하고, 알렉산드리아를 수도로 만들다.
BC 332	알렉산드로스 왕의 죽음	알렉산드로스 대왕이 죽고, 아직 후손이 없었기 때문에 정복된 땅이 최고 장군들에 의해 분할되다.
BC 322	아리스토텔레스의 죽음	철학자이자 수학자이며, 알렉산드로스 대왕의 스승이었던 아리스토텔레스가 유보이아 섬에서 죽다.
BC 265	유클리드의 죽음	기하학의 창시자 유클리드가 죽다.
BC 212	아르키메데스의 죽음	수학자 아르키메데스가 시라쿠스에서 암살당하다.
BC 146	로마 제국에 귀속	로마인들이 코린토스 전투에서 그리스인들을 패배시키고 그리스를 로마 제국에 귀속시키다.